Die Energiewende

Hanspeter Guggenbühl

DIE ENERGIEWENDE

Und wie sie gelingen kann

Rüegger Verlag

Dank

Für fachliche Beratung, inhaltliche und formale Anregungen bedanke ich mich bei: Myriam Engler, Urs P. Gasche, Heini Glauser, Beatrix Mühlethaler, Hans Ramseier und Christine Schwyn. Sie haben mich ermutigt, dieses Buch zu schreiben, und mir geholfen, es verständlich zu formulieren. Weiter bedanke ich mich bei den Redaktionen der Tages- und Wochenzeitungen «Südostschweiz», «Berner Zeitung», «Luzerner Zeitung», «St. Galler Tagblatt», «Landbote», «P. S.», «WOZ», «Tages-Woche» und «Infosperber»: Dank ihren Aufträgen konnte ich mir das Wissen aneignen, das diesem Buch zugrunde liegt, und das Buch ohne Sponsoren unabhängig schreiben.

Bibliografische Information der Deutschen Nationalbibliothek:
Die Deutsche Nationalbibliothek verzeichnet diese Publikation in der Deutschen Nationalbibliografie; detaillierte bibliografische Daten sind im Internet über https://portal.dnb.de/ abrufbar.

© Rüegger Verlag, Zürich / Chur 2013
www.rueggerverlag.ch
info@rueggerverlag.ch

ISBN: 978-3-7253-0992-4
Gestaltung: Rüegger Verlag
Druck: CPI books, Ulm

Inhalt

	Einleitung	7
	Exkurs: Wegweiser im Energie-Dschungel	11
1.	**Die Versklavung**	
	Wie sich die Energieversorgung seit 1970 entwickelt hat	15
	Exkurs: Wie sich die Zahl der Energiesklaven berechnen lässt ...	28
2.	**Die Zukunft**	
	Szenarien zur Energieversorgung bis zum Jahr 2050	33
	Exkurs: Wie steht's mit den Kosten?	51
3.	**Der Markt**	
	Stromversorgung autark oder arbeitsteilig – das ist die Frage	53
	Exkurs: Kraftwerke und ihre Funktionen im Vergleich	68
4.	**Die Strategie**	
	Wie der Bundesrat die Schweizer Energiepolitik ändern will	73
	Exkurs: Wie die Schweiz auf die Atomenergie kam	90
5.	**Die Kritik**	
	Stärken und Schwächen der Energiestrategie 2050	95
	Exkurs: Solarstrom optimieren statt maximieren	114
6.	**Die Wende**	
	Wie der Umstieg in der Energieversorgung gelingen kann	119
	Exkurs: Überfluss im Sommer, Mangel im Winter	135
7.	**Über die Energie hinaus**	139
	Bücher, Studien und Internet-Adressen	141

Einleitung

Neue Atomkraftwerke werden verboten. Alte Atomkraftwerke dürfen weiterdampfen, solange die nationale Aufsichtsbehörde sie als sicher beurteilt. So sieht der Atomausstieg in der Schweiz aus, den Bundesrat und Parlament nach der Katastrophe im japanischen Fukushima beschlossen haben.

Gleichzeitig soll die Schweiz ihre klimawirksamen Gase und damit den Verbrauch von fossiler Energie senken; bis 2020 um mindestens 20 Prozent unter das Niveau von 1990. Das verlangt das revidierte CO_2-Gesetz. Es geht also darum, die beiden energiepolitischen Ziele Atomausstieg und Klimaschutz unter einen Hut zu bringen.

Wie aber soll die Lücke gestopft werden, die der langfristige Ausstieg aus der Atomenergie und die Reduktion des Öl- und Gasverbrauchs aufreisst? Die Antwort liefert der Bundesrat in seiner «Energiestrategie 2050». Diese Wende in der Schweizer Energiepolitik wird Regierung und Parlament in den nächsten Jahren beschäftigen. Am Schluss entscheidet das Volk darüber. «Es ist eine grosse Kiste», sagt Energieministerin Doris Leuthard. Andere beurteilen die Energiewende wahlweise als «Illusion», «Herausforderung», «Chance» oder gar als «Jahrhundertprojekt».

Die Energiestrategie erfordert eine umfangreiche Revision bestehender Gesetze, insbesondere des Energiegesetzes. Die Vorlage dazu hat der Bundesrat im Herbst 2012 den Kantonen, Parteien und Verbänden zur Stellungnahme (Vernehmlassung) unterbreitet. Sie ist höchst umstritten: Die Atomlobby lehnt das Verbot von neuen Atomkraftwerken ab. Die Öllobby bekämpft höhere CO_2-Abgaben. Die Umweltallianz fordert hundert Prozent erneuerbare Elektrizität. Die Lobbys der Solar- und Wind- und Wasserkraft wünschen mehr Subventionen. Naturschützer wehren sich gegen Kleinwasserkraftwerke, die der Natur noch mehr Wasser abgraben. Landschaftsschützer laufen Sturm gegen Windparks. Die Industrie fordert billigen Strom. Die Stromwirtschaft fürchtet um ihre Profite. Der Wirtschaftsverband Economiesuisse lehnt die Strategie rundweg ab und malt den Untergang der Schweizer Wirtschaft an die Wand. Auch SVP und Teile der FDP machen auf Totalopposition.

«Strategie des Atomausstiegs fällt durch», titelte der Zürcher «Landbote» am 26. Januar 2013, noch bevor die Vernehmlassung zu den beantragten Gesetzesrevisionen abgeschlossen war. Tatsächlich ist die Strategie des Bundesrates mit vielen Stolpersteinen gepflastert. Doch die Wende der Energieversorgung lässt sich nicht aufhalten. Uns bleibt immerhin die Wahl: Entweder ändern wir, also Politik, Wirtschaft und Gesellschaft, den Trend. Oder die Energieprobleme verschärfen sich und werden unsere Gesellschaft verändern.

Dieses Buch zeigt, wie sich die Schweizer Energieversorgung in den letzten vierzig Jahren entwickelt und gewandelt hat. Wie wir Energie verwenden, und wo wir sie verschwenden. Wieweit Selbstversorgung besteht, und wie die Märkte funktionieren. Was die Strategie des Bundesrates für die nächsten vierzig Jahre vorsieht. Woran diese Energiewende scheitern – und wie sie gelingen kann.

Dabei gehe ich von drei Thesen aus:

Erstens: Die Schweiz leidet weniger an Mangel als an Überfluss. Denn mit unserem aktuellen Lebensstil beanspruchen wir rund fünfzig Mal mehr Energie, als unser Körper in Form von Nahrung zum Leben und Arbeiten braucht. Somit beschäftigt jeder Mensch in der Schweiz durchschnittlich fünfzig Energiesklaven (siehe Exkurs Seite 28: «Wie sich die Zahl der Energiesklaven berechnen lässt»). Diese Abhängigkeit beruht mehrheitlich auf Naturgütern, die nicht nachwachsen; dazu gehören insbesondere Erdöl, Erdgas und Atombrennstoffe. Das ist Ausbeutung und hat langfristig keine Zukunft.

Zweitens: Damit die Wende gelingt, müssen wir in erster Linie den Energiekonsum vermindern. Grund: Wir nutzen die Energie heute zu wenig effizient und verschwenden viel davon für Leerlauf. Die verbleibende Energie soll anders erzeugt werden. Denn Atomkraft fällt weg. Erdöl und Erdgas heizen das Klima auf und werden langfristig knapp. Je weniger Energie eine Gesellschaft benötigt, desto weniger ist sie abhängig, und desto einfacher fällt ihr der Umstieg auf erneuerbare Energie.

Drittens: Beim Vollzug der Energiewende sollten wir mehr auf marktwirtschaftliche Lenkung, weniger auf staatliche Förderung und Subventionen setzen. Grund: Die bürokratische Strategie, wie sie der Bundesrat heute anstrebt, ersetzt alte durch neue Marktverzerrungen und kann in Sackgassen führen. Eine Steuerung der Energiemärkte, die primär mittels Lenkungsabgaben erfolgt, ist effizienter als eine Korrektur mit Förderabgaben und Subventionen.

Einleitung

Zum Inhalt dieses Buches:

Jeder Zukunft geht eine Herkunft voraus. Die Energiestrategie des Bundesrates fusst auf dem Jahr 2010 und widmet sich dem Jahr 2050. Das Jahr 2050 liegt damit gleich weit in der Zukunft wie das Jahr 1970 in der Vergangenheit. Das 1. Kapitel zeigt, wie sich die Schweiz heute mit Energie versorgt, und wie sich diese Versorgung in den letzten vierzig Jahren entwickelt und verändert hat. Gleichzeitig liefert dieses Kapitel Grundlagen und Erläuterungen, um das abstrakte Thema Energie auch für Nicht-Fachleute (be-)greifbar zu machen.

Der Blick in die Vergangenheit – und auf vergangene Prognosen und Perspektiven – lehrt: Eine Zukunft lässt sich nie richtig voraussagen. Der Markt steuert anders als die Politik. Wachstum oder Schrumpfung der Wirtschaft prägen die Zukunft meist stärker als politische Vorgaben. Es ist zwar richtig, langfristige Ziele zu setzen, um zu zeigen, wohin die Reise gehen soll. Falsch aber wäre es, zu glauben, dass sich das Jahr 2050 an das halten wird, was der Bundesrat heute ins Gesetz schreibt. Zudem handeln Leute aus Wirtschaft und Politik nicht lang-, sondern kurzfristig. Das 2. Kapitel zeigt, wie weit und warum die Energieszenarien fürs Jahr 2050 auseinanderklaffen, und wohin das inoffizielle Wurstel-Szenario führt.

In den letzten Jahrzehnten wandelten sich nicht nur Energieproduktion und Energiekonsum, sondern auch die wirtschaftlichen Rahmenbedingungen: Einst prägten regionale Monopole und ausgeglichene Import-Export-Bilanzen die europäische Stromversorgung. Seit Mitte der 1990er-Jahre öffnete die EU den Strommarkt schrittweise auch für Endverbraucher. Der grenzüberschreitende Stromhandel, in dessen Zentrum die Schweiz steht, hat sich seit 1970 vervielfacht. Damit stellt sich die Frage: Soll die Schweiz ihre Energie- und Stromversorgung noch vermehrt auf Arbeitsteilung ausrichten? Oder eine möglichst hohe Autarkie anstreben? Diesen Fragen widmet sich das 3. Kapitel.

Die Energiestrategie des Bundesrates legt präzise Produktions- und Verbrauchsziele bis zum Jahr 2050 fest. Um diese Ziele zu erreichen, präsentiert er einen vielfältigen Strauss von Vorschriften, Regulierungen, Förderabgaben und Subventionen. Das 4. Kapitel stellt die bundesrätlichen Massnahmen vor; dies basierend auf der Vernehmlassungsvorlage vom Herbst 2012. Wem die Zeit fehlt, um die umfangreichen Gesetzesartikel und Erläuterungen der Bundesverwaltung selber zu lesen, findet hier die Zusammenfassung, fokussiert auf die wesentlichen Punkte.

Im 5. Kapitel analysiere ich die Stärken und Schwächen der bundesrätlichen Strategie. Meine Bewertung und meine Vorschläge in diesem Kapitel stützen sich nicht auf ein ideales Modell, sondern orientieren sich an bestehenden politischen Vorgaben. Innerhalb dieser Realpolitik plädiere ich für mehr Konsequenz bei den Vorschriften zum Energiesparen und weniger Privilegien für einzelne Branchen, für mehr Naturschutz und weniger Subventionen. Denn eine blinde Anbauschlacht mit hoch subventionierten Wind-, Wasser- und Solarkraftwerken ist ebenso falsch wie die Fortsetzung des ausbeuterischen fossilen und nuklearen Energiepfades.

Am Schluss ziehe ich die Folgerungen aus meinen Informationen und Erkenntnissen. Das 6. Kapitel zeigt, was es nach meiner Einschätzung braucht, damit die Energiewende gelingen kann. Die Grundlage bildet eine variable Energie-Lenkungsabgabe. Diese Abgabe kann Energieträger, die knapper werden und die Umwelt belasten, langfristig voraussehbar verteuern. Damit bietet sie Anreize für eine sparsame und vermehrt naturverträgliche Energieversorgung. Die Abgabe soll den Markt steuern, ohne ihn zu fixieren. Wirtschaft und Bevölkerung haben damit die Wahl: Sie können Energie sparen, indem sie Energiesklaven entlassen oder gar nicht erst einstellen. Sie können die verbleibenden Energiehelfer effizienter einsetzen. Oder sie mit erneuerbarer Energie füttern. Oder alles zusammen tun. Diese grobe marktwirtschaftliche Lenkung muss allerdings ergänzt werden durch Vorschriften und fein steuernde Mittel für Bereiche, die auf ökonomische Anreize nur bedingt reagieren.

Ein primär marktwirtschaftliches Konzept ist weniger bürokratisch als Förderprogramme, Zielvereinbarungen und Subventionen. Und es birgt auch weniger Risiken. Denn einseitig geförderte Technologien und Massnahmen können in Sackgassen enden, sobald sich technische, wirtschaftliche oder politische Bedingungen verändern.

Soweit der Inhalt. Meine Ausführungen im Haupttext ergänze ich mit einigen einfachen Grafiken und vertiefenden Exkursen zu ausgewählten Themen. Das Buch vermittelt damit Grundwissen zur Energie und Orientierungshilfe in der Schweizer Energiepolitik. Es richtet sich an alle, die bei der Energiewende mitreden, mitbestimmen und sie mitgestalten wollen.

Exkurs: Wegweiser im Energie-Dschungel

«Alles ist Energie», lautet ein Zitat. Ob es stimmt, darüber streiten selbst Physiker. Sicher ist: Ohne Energie ist alles nichts.

Ohne die ursprüngliche Energie, welche die Sonne in Form von Licht und Wärme auf die Erde strahlt, gäbe es kein Leben. Auf der Sonne basieren alle andern Energieträger, die unsere Zivilisation möglich machen: Kohle, Erdöl, Uran, Biomasse, Wind- und Wasserkraft. Diese *Primärenergie* lässt sich direkt anwenden oder in *Endenergie* wie Benzin oder Elektrizität umwandeln. Aus der Endenergie wiederum entsteht *Nutzenergie*, zum Beispiel Motorenkraft, Licht oder Raumwärme.

Energie ist also vielfältig. Aber auch abstrakt: Sie wird mit einer Vielzahl von Masseinheiten erfasst. Leistung wird gemessen in Pferdestärken, Watt, Kilowatt oder Gigawatt. Bei der Menge reicht die Skala von Kalorien über Wattsekunden, Kilowattstunden oder Megajoule bis zur Tonne Kohle oder zum Kubikmeter Erdgas – und bei den Leserinnen und Lesern rauchen bereits die Köpfe.

Jede Branche rechnet am liebsten mit ihrer eigenen Währung: Die Nahrungsmittel-Industrie mit Kalorien, die Elektrizitätsbranche mit Kilowattstunden, die Ölwirtschaft mit Tonnen Erdöl-Äquivalent, etc. Die Gesamtenergiestatistik stützt sich auf die Masseinheit Joule respektive Terajoule, die in der Physik gängig ist, sich in der breiten Öffentlichkeit aber nie durchsetzte.

Kommt dazu: Manche Leute, auch Journalisten, verwechseln oft Leistung und Menge. Bei Volt und Ampère, die Stromspannung und Stromstärke erfassen, kommen selbst Fachleute ins Sinnieren. Diese abstrakte Vielfalt führt dazu, dass viele Hörer und Leserinnen das ebenso wichtige wie sperrige Thema Energie meiden. Das ist schade.

Um das Lesen dieses Buch zu vereinfachen und Vergleiche zu erleichtern, habe ich die vielfältigen Energiedaten auf je eine Einheit umgerechnet: Auf *Kilowatt* als Mass für die Leistung. Und auf *Kilowattstunde* als Messgrösse für die Menge. Bei grösseren Mengen verwende ich durchgehend die Grössen Tausend, Millionen und Milliarden, verzichte also auf die Einheiten Mega-, Giga- oder Terawattstunden.

Kilowatt (KW) und Kilowattstunde (kWh) sind ebenfalls abstrakte Begriffe. Darum einige Hilfen zur Umrechnung und zur Veranschaulichung:

- 1 kWh entspricht 3,6 Megajoule (MJ). Das ist der wichtigste Umrechnungsfaktor, wenn man zum Beispiel die offiziellen Werte aus der Gesamtenergiestatistik, die auf Joule basieren, vergleichbar machen will mit den Werten in Elektrizitätsstatistiken.

- Die Leistung von einem Kilowatt (KW), die eine Stunde (h) lang beansprucht wird, führt zu einer Energiemenge von einer Kilowattstunde (kWh). Zur Veranschaulichung: Ein Haarfön mit einer Leistung von 1000 Watt respektive 1 KW, der eine Stunde läuft, verbraucht 1 kWh Strom. Eine Leuchtstoffröhre mit 36 Watt darf 28 Stunden leuchten, bis sie 1 kWh Strom konsumiert hat.

- Ein Jahr zählt 365 Tage à 24 Stunden. Das ergibt eine Summe von 8760 Stunden pro Jahr. Diese Daten sind wichtig, um Leistung in Menge umzurechnen. Beispiel: Der viel verwendete Begriff «2000-Watt-Gesellschaft» respektive «2-Kilowatt-Gesellschaft» basiert auf der Leistung. Eine Person, die konstant 2 KW Leistung beansprucht (was etwa dem weltweiten Durchschnitt entspricht), verbraucht pro Jahr 17 520 kWh Primärenergie. Eine Durchschnittsperson in der Schweiz beansprucht heute die drei- bis vierfache Menge an Primärenergie.

- Der *Unterschied* von *Leistung* und *Menge* ist auch wichtig, wenn es darum geht, die Produktion von unterschiedlichen Kraftwerken miteinander zu vergleichen. Beispiel: Ein Atomkraftwerk kann während 8000 Stunden pro Jahr mit voller Leistung laufen. Damit produziert das AKW pro KW installierte Leistung 8000 kWh Strom. Fotovoltaik-Anlagen in der Schweiz hingegen produzieren in einem Jahr nur während durchschnittlich 1000 Volllast-Stunden, pro installierte KW also nur 1000 kWh. Bei der Beurteilung von Kraftwerken muss man darum die produzierbare Menge in kWh vergleichen, nicht aber die installierte Leistung in KW (wie das Schlaumeier zuweilen tun).

- Anschaulicher als kWh sind *Liter*. Eine Menge von 10 kWh entspricht dem Energiegehalt von 1,0 Liter Heizöl oder Dieseltreibstoff oder 1,1 Liter Benzin. Oder umgekehrt: Ein Liter Benzin ergibt 9 kWh Energie.

- Bevölkerung und Wirtschaft zusammen beanspruchen innerhalb der Schweiz jährlich rund 60 Milliarden kWh in Form von Elektrizität und rund 250 Milliarden kWh an Endenergie insgesamt (Stand 2010). Bei einer Bevölkerungszahl von acht Millionen ergibt das pro Person 7500 kWh Strom oder 31 000 kWh *Endenergie*. Noch deutlich höher ist der Bedarf von *Primärenergie* sowie der Importsaldo an *grauer Energie* (siehe dazu Seite 28: «Wie sich die Zahl der Energiesklaven berechnen lässt»).

- Als Ausgangsjahr für die Gegenwart wähle ich stets das Jahr 2010, obwohl beim Verfassen dieses Buches Statistiken über das Jahr 2011 bereits verfügbar waren. Gründe: Erstens war 2011 ein rekordwarmes und damit für den Energieverbrauch untypisches Jahr. Zweitens erleichtert das einheitliche *Ausgangsjahr 2010* Vergleiche, etwa mit 1970 oder 2050. Gegenüber den Berichten zur bundesrätlichen Energiestrategie 2050 gibt es bei meinen Daten zuweilen *Abweichungen*, weil die Autoren dort oft willkürlich verschiedene Ausgangsjahre (2000, 2010 oder 2011) wählten. Oder weil dort Flugtreibstoffe, Raffinerieverluste oder der für Speicherpumpen eingesetzte Strom teilweise ausgeklammert werden.

Nicht jede Energie ist gleich viel Wert. Fachleute unterscheiden darum zwischen Exergie (nutzbarer Teil der Energie) und Anergie (nicht nutzbare Energie). Für Laien: Hochwertig (oder eben exergetisch) ist jene Energieform, die sich mit möglichst wenig Verlust in möglichst viele andere Energieformen umwandeln lässt.

Hochwertig ist zum Beispiel: Elektrizität, weil sie in Elektromotoren mit wenig Verlust in mechanische Energie respektive Bewegung umgewandelt werden kann, mit dem uns zum Beispiel ein Elektrovelo von A nach B befördert. Erdöl oder Erdgas sind etwas weniger hochwertig als Elektrizität. Beispiel: Bei der Umwandlung von Erdöl in einem Kraftwerk zu Elektrizität verpufft ein Teil der Energie in Form von Abwärme. Das Gleiche gilt im Ottomotor, wo Benzin in Bewegung umgewandelt wird.

Erdöl ist zwar weniger hochwertig, aber handlicher als Elektrizität, weil sich seine Energie in Pipelines bequem transportieren und auf wenig Raum speichern lässt. Erdöl ist auch besonders dicht. Zur Erinnerung: In einem einzigen Liter Benzin stecken neun kWh Energie.

Niederwertig ist Wärme, und: Je weniger Grad warm die Wärme ist, desto niederwertiger wird sie. Solarwärme, so wertvoll und umweltfreundlich sie ist, gilt darum als niederwertige Energie. Grund: Um Solarwärme in 60 Grad warmes Boilerwasser oder gar in Elektrizität umzuwandeln, braucht es relativ viel Fläche und Material.

Bei der Wahl des Energieträgers halte ich mich an ein einfaches Prinzip: Hochwertige Energie soll für hochwertige Bedürfnisse, niederwertige Energie für einfachere Bedürfnisse genutzt werden. Elektrizität zum Beispiel soll primär für den Antrieb von Elektrogeräten wie Computer, Radios oder Motoren verwendet werden. Es ist jedoch Verschwendung, hochwertige Elektrizität oder ziemlich hochwertiges Erdöl zu verheizen um etwas so simples wie Raumwärme von 20 Grad zu erzeugen. Denn Raumluft lässt sich auch mit niederwertiger Energie wie Solar- oder Abwärme auf 20 Grad erwärmen.

Umgekehrt sollte man niederwertige Solarenergie erst dann in hochwertige Elektrizität umwandeln, wenn man sie nicht anderweitig nutzen kann. Beispiel: Solange unter einem Dach Raumwärme oder Boilerwasser mit Elektrizität oder Erdöl erzeugt wird, hat eine optimal dimensionierte Kollektoranlage, die Solarwärme in Warmwasser oder Raumwärme umwandelt, Vorrang gegenüber einer Fotovoltaik-Anlage. Wobei auch hier gilt: Es gibt keine Regel ohne Ausnahmen und kein Prinzip ohne Abweichungen.

1. Die Versklavung
Wie sich die Energieversorgung seit 1970 entwickelt hat

Ob wir in der Wohnung hausen oder durch die Lüfte brausen. Ob wir Güter besorgen oder Abfall entsorgen, Strassen bauen oder ins Internet schauen: Wir sind nie allein. Billige Energiesklaven arbeiten und konsumieren mit. Sie heizen, kühlen und produzieren, transportieren uns und unsere Güter, übermitteln Daten oder machen die Nacht taghell. Weltweit sind es weit über hundert Milliarden energiegeladene Helfer, die für die Menschheit Zwangsarbeit verrichten. Wenn wir die Überbevölkerung unserer Erde beklagen, dann müssen wir vermehrt von den Energiesklaven statt immer nur von den Menschen reden.

Allein für die Schweiz sind schätzungsweise 400 Millionen Energiesklaven tätig. Denn eine Person, die in der Schweiz lebt, beansprucht durchschnittlich fünfzig Mal so viel Energie, wie ihr in Form von körpereigener, durch Nahrung zugeführter Energie zur Verfügung steht. Multipliziert man diese fünfzig Energiesklaven mit den acht Millionen Einwohnerinnen und Einwohnern, ergibt das die erwähnte Summe von 400 Millionen. Andere Rechnungen führen zu ähnlichen oder höheren Zahlen (mehr dazu auf Seite 28: «Wie sich die Zahl der Energiesklaven berechnen lässt»).

Die Schweiz kann sich diese Energiesklaven locker leisten. Denn sie arbeiten noch billiger als einst die menschlichen Sklaven auf den Baumwollfeldern der USA. So braucht ein Liter Öl oder eine Kilowattstunde Strom weder Kost noch Logis. Ein Energiesklave kostet pro Tag weit weniger als einen Franken. Darum konnten wir sie so stark vermehren und ausbeuten.

Energieverbrauch direkt und indirekt

Mit einem Teil dieser Sklaven haben wir direkt zu tun. Zum Beispiel wenn wir die Heizung aufdrehen, damit Öl oder Gas verbrennen und in CO_2 (Kohlendioxid) umwandeln. Oder wenn wir mit einer Drehung am Zündschlüssel den Automotor in Betrieb setzen. Oder wenn wir das Licht anknipsen, den Kochherd aufdrehen und den Fernseher anschalten. Dann verstärken die in Atom- oder Wasserkraftwerken tätigen Stromsklaven ihre Leistung.

Weitere Energieknechte schuften in der Industrie, auf dem Bau oder im Büro. Und immer mehr von ihnen arbeiten für uns im Ausland. Zum Beispiel in den Minen der USA und Kanadas, wo Schiefergas abgebaut und Erdöl aus Teersanden herausgepresst wird. Oder in deutschen Autofabriken, in denen die in die Schweiz importierten Volkswagen und Audi produziert werden. Oder in ausländischen Server-Farmen, wo Informationen gelagert und umgeschlagen werden, die wir mit unseren Computern per Internet abholen. Diese ausländischen Zwangsarbeiter tauchen in unseren Energiestatistiken nicht auf und gelten deshalb als «graue» Energiesklaven.

Die Zahl der grauen Sklaven nimmt zu, weil Konsumenten und Produzenten immer mehr Rohstoffe, Güter und Dienste importieren, und weil die Schweiz viel Produktion auslagert. Beispiel: Die Stromsklaven, die einst im Wallis Aluminium herstellten, sind ausgewandert und belasten heute ausländische Stromstatistiken. Unsere importierten Autos sind nicht nur zahlreicher geworden, sondern haben innerhalb von vierzig Jahren auch ihr Gewicht verdoppelt. Das erfordert ebenfalls mehr Energiesklaven ausserhalb des Messbereichs unserer Energiezähler.

Grossteil ist nicht erneuerbar

Unterschiedlich ist ihre Nahrungsgrundlage: Die meisten Energiesklaven verschlingen nicht nachwachsende fossile Stoffen wie Kohle, Erdöl oder Erdgas; sie puffen damit CO_2 in die Atmosphäre und tragen auf diese Weise zum Klimawandel bei. Einige zehren von Uran; sie hinterlassen während Tausenden von Jahren nuklear strahlenden Müll. Wenige begnügen sich mit erneuerbarer Wasser- oder Windkraft, Sonnenwärme oder Sonnenlicht. Die Sonne allein würde zwar genügen, um unseren Hunger nach Fremdenergie mehrfach zu stillen. Doch ihre Energie kommt stark verdünnt auf der Erde an. Die Ernte, Verdichtung und Umwandlung der Sonnenenergie zu Nutzwärme oder Elektrizität ist darum aufwendig und kapitalintensiv.

Viel einfacher ist es, konventionelles Erdöl einzusetzen, das hochverdichtet, handlich und (noch) leicht verfügbar aus dem Boden sprudelt. Darum basiert die weltweite Energieversorgung primär auf Erdöl und Kohle, während die Nutzung der Solarkraft ein Schattendasein fristet. Erdöl und Kohle gründen zwar auf Biomasse, also toten Pflanzen oder andern abgestorbenen Lebewesen und damit ursprünglich ebenfalls auf Sonnenenergie. Doch die Umwandlung von Sonnenenergie zu Erdöl oder Kohle dauerte und dauert Millionen von Jahren. Die Menschheit aber wandelt diese fossilen Vorräte in wenigen Jahrhunderten in Kohlendioxid (CO_2) um und verstärkt auf diese Weise den natürlichen Treibhauseffekt.

Viel verpufft ungenutzt

Bei Energiesklaven verhält es sich ähnlich wie bei Menschen. Die einen arbeiten ziemlich produktiv. Andere lassen grosse Mengen der eingesetzten Nahrung als Abwärme verpuffen. Auf den langen Wegen von den Quellen bis zur Nutzung geht insgesamt mehr als die Hälfte der ursprünglichen Primärenergie verloren.

Unsere Lampen zum Beispiel nutzen nur einen Bruchteil der Primärenergie, die wir in Form von Kohle oder Uran aus dem Boden gebuddelt und in Kraftwerken in Elektrizität umgewandelt haben, um Licht in unsere Stuben zu bringen. Vom Erdöl, das eingesetzt wird, um eine Person im Auto von Zürich nach Bern zu befördern, bleibt der grösste Teil auf der Strecke: Ein kleiner Verlust entsteht schon in der Raffinerie, wo die Primärenergie Erdöl in die End-Energieträger Heizöl und Benzin umgewandelt wird. Ein grösserer Verlust erfolgt im Motor bei der Umwandlung von Benzin in Transportkraft. Und 90 Prozent der verbleibenden Transportkraft dient nicht dem Personentransport, sondern zur Beförderung der 1,5 Tonnen schweren automobilen Verpackung (mehr dazu in der Grafik auf Seite 18: «Wie Energie ungenutzt verpufft»).

Diese Beispiele zeigen: Es besteht ein riesiges Potenzial, um Energiesklaven effizienter einzusetzen. Ein wesentlicher Teil von ihnen könnte damit von der Zwangsarbeit befreit werden. Oder als Vorrat für nächste Generationen im Boden verbleiben.

Energiesklaverei an sich ist nicht schlecht. Jedenfalls ist sie humaner als die Versklavung von Menschen, die dem Einsatz der Energiesklaven voranging. Die energetischen Helfer haben den Menschen viel körperliche Arbeit abgenommen und ihnen erlaubt, vermehrt mit dem Kopf statt mit den Muskeln zu arbeiten. Unseren Wohlstand verdanken wir vor allem den Energiesklaven. Das war und ist ein Fortschritt.

Wie Energie ungenutzt verpufft
Umwandlung von der Primär-* über die End- zur Nutzenergie** innerhalb der Schweiz im Jahr 2010, in Milliarden Kilowattstunden (Mrd. kWh) und in Prozent (%)

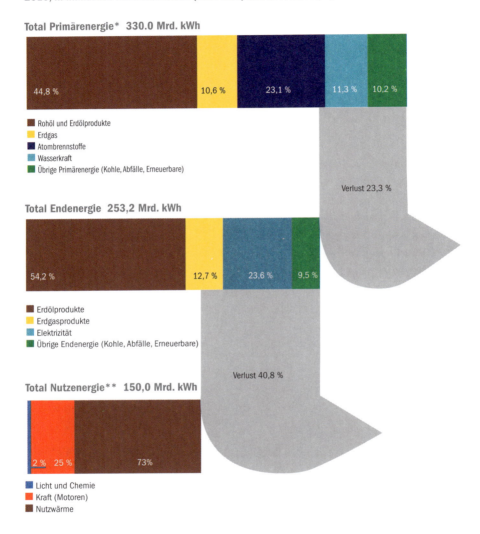

Quelle: Bundesamt für Energie (BFE), Gesamtenergiestatistik 2010, Schätzung Guggenbühl.

* Die Primär- oder Bruttoenergie wird an der Landesgrenze gemessen. Nicht enthalten sind darin die Energieverluste, die zwischen Förderung und Import im Ausland entstehen. Insgesamt ist der Verlust, der bei der Energieumwandlung entsteht, also noch bedeutend grösser.

** Bei den Daten über die Nutzenergie 2010 handelt es sich um meine grobe Schätzung, basierend auf der Nutzenergiestatistik des BFE von 1997; diese wird seit 1998 nicht mehr nachgeführt.

Auf Kosten der Natur

Doch je weiter die Ausbeutung der Energie voranschritt, desto stärker zeigten sich ihre Kehrseiten: Wir plündern heute mit zunehmendem Tempo nicht erneuerbare Bodenschätze. Mit der Verbrennung der fossilen Energieträger Kohle, Erdöl und Ergas reichern wir die Erdatmosphäre mit Kohlendioxid übermässig an und heizen damit das Weltklima auf. Der Einsatz von Atomkraft hinterlässt Tausenden von nachfolgenden Generationen radioaktiven Müll. Wir übernutzen aber auch nachwachsende Energiequellen, insbesondere Urwälder und Wasser. Die Ernte von Solar- oder Windenergie erfordert viel Aufwand. Der Anbau von Agrartreibstoffen beansprucht nicht vermehrbaren fruchtbaren Boden und konkurrenziert die Nahrungsproduktion für Menschen und Tiere. Jeder Energieeinsatz hat Nebenwirkungen.

Kommt dazu: Je mehr Energiesklaven wir beschäftigen, desto abhängiger werden wir von ihnen. Mit der zunehmenden Versklavung der Energie haben wir uns sozusagen selber versklavt. Mit verheerenden Folgen: Die USA zum Beispiel führten zwei Kriege, weil sie den Zugang zu den Ölsklaven in Kuwait und Irak nicht verlieren wollten. Atomkatastrophen in Tschernobyl (Ukraine) und Fukushima (Japan) verstrahlten weite Gebiete und vertrieben Menschen aus ihrer Heimat, weil die zivilisierte Menschheit Atomsklaven einsetzt, um ihre Sucht nach Elektrizität zu befriedigen. Wir hängen heute an der Energie wie der Junkie an der Nadel.

Gewiss, nicht jeder Stoff ist gleich schädlich. Wer es schafft, von Heroin auf Marihuana umzusteigen, verlängert sein Leben. Wer Sonnenenergie statt Erdöl nutzt, verbraucht weniger natürliche Ressourcen. Doch die Sucht bleibt. Wer die Energiesucht heilen oder zumindest dämpfen will, muss sich von einem Teil seiner Energiesklaven befreien.

Ferne Ziele der Regierung

Eine deutliche Reduktion strebt auch die Schweizer Regierung an. In ihrer Energiestrategie beschränkt sie sich allerdings auf die Endenergie im Inland. Diese umfasst die Energieprodukte, die wir innerhalb der Landesgrenzen direkt einsetzen – vom Heizöl und Benzin über Heizgas und Elektrizität bis zum Holz und andern erneuerbaren Energieträgern. Ausgeklammert werden damit die Verluste, die bei der Umwandlung von Primärenergie (Kohle, Rohöl, Erdgas, Atombrennstoffe, Wasserkraft) in Endenergie entstehen. Dabei fallen vor allem die Verluste in Ölraffinerien, Atom- und Wasserkraftwerken ins Gewicht. Ebenfalls ausgeklammert wird die sogenannte «graue» Energie, also die Energie, die im Ausland eingesetzt wird, um Produkte und Dienstleistungen für die Schweizer Bevölkerung und Wirtschaft zu produzieren.

Im Jahr 2010, so zeigt die nationale Energiestatistik, konsumierten Wirtschaft und Bevölkerung in der Schweiz 253 Milliarden Kilowattstunden (kWh) *Endenergie*. Zur Veranschaulichung: Pro Kopf entspricht das umgerechnet dem Verbrauch von 32 000 kWh Endenergie oder 3200 Litern Heizöl. Stellen Sie sich das einmal vor: Jedes Jahr für jede Person mehr als zehn Badewannen bis zum Rand gefüllt mit Öl.

Um die Energieversorgung in der Schweiz zu wenden, lässt sich unsere Regierung vierzig Jahre Zeit. Bis zum Jahr 2050 will der Bundesrat den End-Energieverbrauch pro Person halbieren; damit blieben noch fünf randvolle Badewannen. Dieses Ziel setzt er in seiner Vorlage zur Energiestrategie 2050, die er am 28. September 2012 in die Vernehmlassung schickte (mehr darüber im 2. und 4. Kapitel). Ob die nachfolgende Generation sich daran halten wird? Das bleibt offen.

Beim Konsum von Elektrizität allein strebt die nationale Energiestrategie nur eine leichte Reduktion an, nämlich von 60 Milliarden kWh im Ausgangsjahr 2010 auf 53 Milliarden kWh im Jahr 2050. Allerdings sind bei diesen (Netto-)Zahlen die wachsenden Umwandlungsverluste, die in bisherigen und geplanten Pumpspeicher-Kraftwerken entstehen, sowie die Verteilverluste im Stromnetz nicht inbegriffen.

Die fernen Ziele der nationalen Energiestrategie 2050 sind ambitioniert. Um sie zu erreichen, setzt der Bundesrat eine massive Steigerung der Energieeffizienz voraus; dies zum Teil mit Techniken, die erst noch erfunden werden müssen. Leute aus Wirtschaft und bürgerlichen Parteien, welche die Energiestrategie des Bundesrates bekämpfen, beurteilen diese Reduktionsziele wahlweise als «unrealistisch» oder «illusionär». Das mag zutreffen, wenn man den heutigen Lebensstil und das Wachstum von Bevölkerung und Wirtschaft unbesehen in die Zukunft fortschreibt.

Realität vor vierzig Jahren

Ein Blick zurück aber zeigt: In vierzig Jahren kann sich vieles ändern. Das Jahr 2050, das die heutigen Mitglieder des Bundesrates im Altersheim oder auf dem Friedhof verbringen werden, ist gleich weit entfernt vom Ausgangsjahr der Energiestrategie wie das Jahr 1970. Betrachten wir also das Jahr 1970. Erinnern Sie sich noch, wie es damals war? Oder sind Sie erst später geboren? Dann fragen Sie Ihre Eltern oder Grosseltern.

Nein, 1970 war die Steinzeit längst vorbei. 1970 war kein Jahr des Mangels, im Gegenteil: Nach zwanzig Jahren, in denen Konjunktur und Babys boomten, erlebte die Schweiz eine wirtschaftliche Blüte wie nie zuvor. 1970 lebten 6,3 Millionen Personen in der Schweiz. Auf den Strassen demonstrierte die wohlstandsmüde 68er-Generation gegen den Vietnamkrieg und die materielle Konsumgesellschaft, die sich nach dem Zweiten Weltkrieg entwickelte. In den USA schrieben Dennis und Donella Meadows ihren Bestseller «Die Grenzen des Wachstums», der 1972 erschien und erstmals den Wachstumsglauben der Industriegesellschaft erschütterte.

Und wie sah 1970 die Energieversorgung aus? Ein Blick in die nationale Energiestatistik zeigt: 1970 verbrauchten Bevölkerung und Wirtschaft in der Schweiz erst 163 Milliarden kWh Endenergie. Umgerechnet auf die damalige Bevölkerung entsprach das einer Menge von 2500 Litern Heizöl pro Kopf und Jahr. Von der Gesamtmenge entfielen 78 Prozent Liter auf die Erdölprodukte Heizöl, Benzin, Flug- und Dieseltreibstoff. Der Anteil der Elektrizität betrug bloss 15 Prozent. Der Rest verteilte sich auf Kohle, Erdgas, Holz und weitere erneuerbare Energieträger (siehe Grafiken auf Seite 22: «Energieverbrauch einst und jetzt»).

Energiewende im Rückblick

Der Konsum von *Endenergie* in der Schweiz war 1970 also erst zwei Drittel so gross wie 2010, obwohl damals nur wenige Häuser über eine Wärmedämmung verfügten und das Wort «Energieeffizienz» noch ein Fremdwort war. Ebenfalls geringer waren damals die Umwandlungs-Verluste von Primär- zu Endenergie. Weniger stark fiel vor allem der Importüberschuss an grauer Energie ins Gewicht. Denn 1970 wurden mehr Rohstoffe in der Schweiz selber erzeugt – vom Aluminium im Wallis bis zur Zellulose in Attisholz. Viele Fabriken, deren Schornsteine heute in Osteuropa und China rauchen, produzierten damals im Inland. Insge-

Energieverbrauch einst und jetzt
End-Energieverbrauch und dessen Verteilung in der Schweiz in den Jahren 1970 und 2010, in Milliarden Kilowattstunden (Mrd. kWh)

End-Energieverbrauch 1970: 162,8 Mrd. kWh

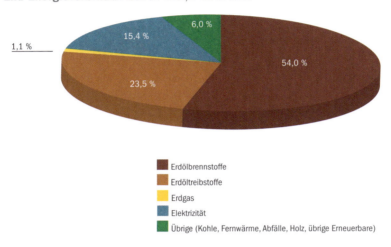

- Erdölbrennstoffe
- Erdöltreibstoffe
- Erdgas
- Elektrizität
- Übrige (Kohle, Fernwärme, Abfälle, Holz, übrige Erneuerbare)

End-Energieverbrauch 2010: 253,2 Mrd. kWh

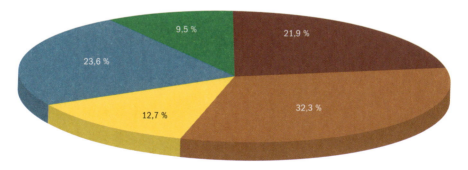

Quelle: BFE, Gesamtenergiestatistiken, inklusive Luftverkehr.

samt hat sich der Verbrauch an direkter plus an grauer *Primärenergie* seit 1970 etwa verdoppelt.

Noch deutlicher ist die Differenz bei der *Elektrizität*: Im Jahr 1970 konsumierten Bevölkerung und Unternehmen 25 Milliarden kWh Strom, also weniger als halb so viel wie 2010. Die inländische Wasserkraft allein, so zeigt die nationale Elektrizitätsstatistik, erzeugte 1970 einen Fünftel mehr Strom, als die Konsumenten im Inland benötigten. Der kleine Anteil an Atomstrom, den das erste, 1969 eröffnete Atomkraftwerk Beznau I beisteuerte, diente damals lediglich dazu, den Stromexport zu erhöhen.

Die Nachfrage nach Atomstrom schwoll erst in den folgenden Jahrzehnten an. Die Schweizer Stromwirtschaft förderte das Wachstum dieses Stromkonsums aktiv, indem sie mit der Quersubventionierung von Elektroheizungen und Elektroboilern aggressiv in den Wärmemarkt expandierte. Das Resultat dieser zurückliegenden Energiewende: Von 1970 bis 2000, also innerhalb von nur drei Jahrzehnten, hat die Schweiz ihren Stromverbrauch verdoppelt – und damit einen Absatzmarkt für die wachsende Menge an Atomstrom geschaffen. Auch nach dem Jahr 2000 ist der Schweizer Stromverbrauch weiter gestiegen.

Gewandelt hat sich auch die Verteilung: Elektrizität und Erdgas haben ihren Anteil am Schweizer Energie- und Wärmemarkt stark erhöht. Der Anteil von Energie aus Abfall, Holz und weiteren erneuerbaren Energieträgern ist – auf tiefem Niveau – ebenfalls gestiegen. Der Anteil des 1970 dominierenden Erdöls ist geschrumpft. Und innerhalb des Erdöls resultierte eine starke Verlagerung von Heizöl auf Treibstoffe (siehe dazu nochmals die Grafiken auf Seite 22).

Gesamtenergie-Konzept von 1978

1973 bewirkte der Jom-Kippur-Krieg im Nahen Osten eine Drosselung der Erdölförderung. Das führte zu einem starken Anstieg der damals tiefen Erdölpreise und löste die erste weltweite Ölkrise aus. Die Schweizer Regierung reagierte vorübergehend mit autofreien Sonntagen. Die Bevölkerung hamsterte ölhaltige Kehrichtsäcke und andere Vorräte. Spätestens seit dieser Ölkrise steht die Forderung, Energie zu sparen und effizienter zu nutzen, als Dauerbrenner auf der politischen Traktandenliste.

Der damalige Bundesrat Willi Ritschard setzte 1974 eine Kommission ein mit dem Auftrag, eine «Gesamtenergie-Konzeption» (GEK) zu erarbeiten. Diese Kommission, präsidiert vom damaligen Strommanager Michael Kohn (Motor Columbus), lieferte ihren mehrbändigen Bericht im November 1978 ab. Die zentralen Forderungen der damaligen Energiestrategie: Energie sparen, Erdöl durch andere Energieträger ersetzen, die nationale Energieversorgung sichern, die Forschung vorantreiben. An den Zielen hat sich also wenig geändert.

Bemerkenswert ist aus heutiger Sicht: Schon 1978 schlug die GEK-Kommission Vorschriften vor, um den spezifischen Energieverbrauch von Gebäuden und Fahrzeugen zu begrenzen. Und die GEK postulierte schon damals eine «zweckgebundene Abgabe auf Energie», um mit dem Ertrag daraus Wärmedämmung sowie energiesparende Investitionen in Industrie, Gewerbe und Landwirtschaft zu subventionieren. Linke, Umweltverbände und AKW-Gegnerinnen kritisierten damals das von «Atompapst Kohn» präsentierte Konzept. Sie beurteilten die Vorschläge der GEK als ungenügend und forderten eine schärfere Energiespar-Politik. Das Gleiche tun sie heute noch.

Die reale Politik aber blieb sogar hinter den wenig weitgehenden Vorschlägen der GEK zurück: Erst ab 2015, also 37 Jahre nach der ersten Energiekonzeption, wird der Bundesrat verbindliche Verbrauchs- respektive CO_2-Grenzwerte für neue Personenwagen vorschreiben und damit die Vorschriften der Europäischen Union (EU) nachvollziehen. Die Begrenzung des spezifischen Energieverbrauchs in Gebäuden delegierte die Landesregierung an die Kantone. Eine zweckgebundene Abgabe gibt es erst seit 2010, aber nicht auf allen Energieträgern, sondern bloss auf dem CO_2-Ausstoss der Brennstoffe Heizöl und Erdgas.

Wachstum schlug die Effizienz

Trotz schwacher Energiepolitik ist der Energieeinsatz seit 1970 effizienter geworden. Der Energiebedarf von Neubauten etwa sank markant; dies dank Wärmedämmung, strengeren Verbrauchsvorschriften und freiwilligem Minergie- oder Passivhaus-Standard. Ingenieure verbesserten den Wirkungsgrad der Automotoren – neutralisierten diesen technischen Fortschritt aber weitgehend, indem sie stärkere Motoren und schwerere Fahrzeuge bauten. Neue Kühlschränke, Waschmaschinen und andere Elektrogeräte verrichten ihre Arbeit heute mit weniger Strom als ihre Vorgängermodelle. Auch Industrie, Gewerbe und Dienstleistungsbetriebe verminderten ihren spezifischen Energieverbrauch. Trotzdem hat der

Verbrauch von Endenergie und insbesondere von Elektrizität seit 1970 im In- und Ausland weiter zugenommen.

Haupttreiber dieser Entwicklung war und ist das Wachstum der Wirtschaft, gemessen am teuerungsbereinigten Bruttoinlandprodukt (BIP real). Das BIP-Wachstum wiederum resultierte aus der Zunahme der Bevölkerung sowie des BIP pro Person. Besonders stark wuchs der Konsum von energieintensiven Gütern und Dienstleistungen. So nahmen in der Schweiz die beheizten und teilweise gekühlten Gebäudeflächen sowie der Verkehrskonsum überdurchschnittlich zu. Zudem erfanden Forscher immer neue Energiefresser, und Marketing-Leute brachten diese an den Mann und die Frau. Tumbler zum Beispiel verdrängten Wäscheleinen, Unterhaltungselektronik ersetzte das persönliche Gespräch, etc. Kurz: Die Zunahme der Menge schlug die Steigerung der Effizienz. Und die Energiepolitik hinkte hinterher.

Der Glaube trotzt den Fakten

Diesen Sachverhalt bestätigt der langfristige statistische Vergleich: Von 1970 bis 2010 wuchs das Schweizer BIP real um 87 Prozent; diese Zunahme resultierte zu einem Drittel aus der Zunahme der Bevölkerung, zu zwei Drittel aus der Zunahme des BIP pro Kopf. Im gleichen Zeitraum erhöhte sich der Endenergie-Verbrauch um 55 Prozent. Der Stromverbrauch allein stieg um 134 Prozent. Immerhin resultierte in den letzten Jahrzehnten eine relative, nicht aber eine absolute Entkoppelung: Der End-Energieverbrauch wuchs seit 1980 etwas weniger stark als die Wirtschaft. (siehe Grafik auf Seite 26: «BIP-Wachstum treibt Energieverbrauch»).

Dieser realen Entwicklung stand und steht der Glaube vieler Ökonomen und Politikerinnen an ein energiesparendes, umweltschonendes, «qualitatives» oder gar «nachhaltiges» Wachstum gegenüber: «Wirtschaftswachstum kann auch virtuell und muss nicht physisch sein», formulierte etwa der vielzitierte Ökonomieprofessor Thomas Straubhaar gegenüber dem Zürcher «Tages-Anzeiger», und er begründete das mit der zunehmenden Bildung und Kopfarbeit: «Wir belasten die Umwelt nicht, wenn wir uns mit der Relativitätstheorie befassen.» Theoretisch ist das richtig. Doch in der Praxis beschäftigen sich relativ wenige Leute mit der Relativitätstheorie. Und selbst diejenigen, die ihr Geld mit Geist verdienen, geben es gerne für materialintensive Bedürfnisse wie etwa grosse Wohnungen, übermotorisierte Autos oder Flugreisen aus.

BIP-Wachstum treibt Energieverbrauch

Entwicklung von Bevölkerung, Wirtschaft (BIP real) sowie Verbrauch von Endenergie und von Strom in der Schweiz von 1970 bis 2010 im Vergleich, alles indexiert: 1970 = 100

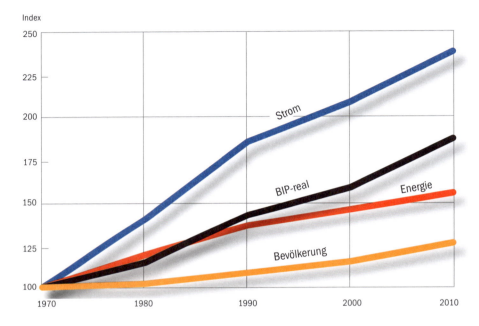

Quellen: Bundesamt für Statistik (BST), BFE, Seco, eigene Berechnung.

«Es gibt keinen grundsätzlichen Widerspruch zwischen Wachstum und Umweltschutz», sagte auch der frühere Bundesrat und Volkswirtschafts-Minister Pascal Couchepin. Und seine Nachfolgerin Doris Leuthard präzisierte 2008: «Wenn dank Wachstum ausreichend finanzielle Mittel zur Verfügung stehen, können wir dem Klimawandel besser begegnen.»

Prognosen, und was daraus geworden ist

Auch nach ihrem Wandel von der Volkswirtschafts- zur Energieministerin setzt Leuthard sowohl auf Wirtschaftswachstum als auch auf die Wende des langfristigen Energietrends. Konkret: Die Energiestrategie 2050 rechnet mit einer jährlichen Zunahme des teuerungsbereinigten BIP von einem Prozent. Damit würde die Schweizer Wirtschaft von 2010 bis 2050 nochmals um rund 50 Prozent wachsen. Im gleichen Zeitraum strebt die bundesrätliche Strategie eine Halbierung des End-Energieverbrauchs an. Um dieses Ziel zu erreichen, müsste die Schweiz ihre Energieeffizienz, gemessen am BIP, also um den Faktor drei steigern.

Diese Entwicklung ist allerdings unsicher. Das zeigt wiederum der Blick in die Vergangenheit. Beispiel: Die Gesamtenergie-Konzeption rechnete für den Zeitraum von 1975 bis 2000 mit einem Wirtschaftswachstum von 85 Prozent und einer Zunahme des Energieverbrauchs von 56 Prozent; dies im Szenario, das die danach verfolgte Politik mit Energie-Verfassungsartikeln abbildete. In Wirklichkeit aber wuchs in diesem Zeitraum die Wirtschaft nur um 45, der Energieverbrauch um 40 Prozent. Wirtschaft und Energieverbrauch wuchsen also nicht nur weniger stark als prophezeit. Auch die relative Entkoppelung von Wirtschaft und Energieverbrauch blieb geringer, als die Kommission unter Michael Kohn erwartet hatte. Ähnlich verhielt es sich bei zahlreichen andern Energieprognosen.

Diese Erfahrung lehrt: Die Wirklichkeit hielt sich kaum je an jene fernen Ziele, die Kommissionen in ihre Konzepte oder Regierungen in ihre Gesetze schrieben. Grosse Abweichungen entstanden vor allem dort, wo Regierung und Parlament hehre Ziele beschlossen, aber die notwendigen politischen Massnahmen scheuten. Diese Inkonsequenz prägte nicht nur die Schweizer Energiepolitik. Davon zeugen auch die ungenügenden Resultate beim Klima- oder beim Alpenschutz.

Das Wichtigste zusammengefasst

Die Schweiz hat ihren Energiekonsum in den letzten vierzig Jahren massiv erhöht. Die Zahl der Energiesklaven, die im In- und Ausland für uns arbeiten, hat nicht nur insgesamt, sondern auch pro Kopf der Bevölkerung stark zugenommen. Der Grossteil unseres wachsenden Energieverbrauchs basiert auf der Ausbeutung von nicht erneuerbaren Rohstoffen, insbesondere von Erdöl und Erdgas. Der Stromverbrauch allein, gefördert durch den Ausbau der Atomenergie, hat seinen Marktanteil erhöht und sich seit 1970 mehr als verdoppelt. Hauptreiber dieser Entwicklung war das Wachstum von Wirtschaft, Wohnraum und Verkehr. Die Steigerung der Energieeffizienz vermochte diesem Wachstum nicht zu folgen. Die Hoffnung auf «immaterielles» Wirtschaftswachstum blieb ein Traum. Die Politik hat ihre Möglichkeiten zu wenig oder erst mit Verzögerung genutzt.

Exkurs: Wie sich die Zahl der Energiesklaven berechnen lässt

«Als Energiesklave bezeichnet man diejenige Menge an Energie, die in der Lage ist, eine menschliche Arbeitkraft zu ersetzen.» So lautet die Definition in der Enzyklopädie Wikipedia.

Die Output-Rechnung von Hans-Peter Dürr

Als Urheber des Begriffs «Energiesklave» gilt gemeinhin der deutsche Physiker Hans-Peter Dürr. Seine Rechnung von 1998: Ein Mensch kann 0,2 Kilowatt (KW) oder ein Viertel so viel leisten wie ein Pferd (PS); dies während 12 Stunden pro Tag und 365 Tagen pro Jahr. Das ergibt eine Energiemenge von 876 Kilowattstunden (kWh) pro Person und Jahr (0,2 KW mal 4380 Stunden = 876 kWh). Das entspricht einer konstanten Leistung von 0,1 Kilowatt.

Diesem menschlichen Energie-Output eines Schwerarbeiters stellt Dürr den gesamten Primärenergie-Bedarf pro Kopf innerhalb der einzelnen Länder gegenüber. Beispiel Deutschland im Jahr 2003: 5,5 Kilowatt konstante Primärenergie-Leistung pro Person dividiert durch 0,1 Kilowatt ergibt 55 Energiesklaven.

Würde Dürr dem Arbeitsmenschen (statt einem 12-Stunden-Tag und einer 7-Tage-Woche) eine 40-Stunden-Woche plus vier Wochen Ferien gönnen, so sänke die konstante Arbeitsleistung des Menschen im Jahresmittel von 0,1 auf 0,04 Kilowatt. Dann würde sich die Zahl seiner Energiesklaven pro Kopf von 55 auf 138 erhöhen, also mehr als verdoppeln.

Ob 55 oder 138: Die Energiesklaven sind billig. Auch das lässt sich aus Dürrs Rechnung ableiten. Beispiel: 1 kWh Strom in einem Schweizer Durchschnittshaushalt kostet rund 20 Rappen (inklusive Netzkosten und Abgaben). Multipliziert man diese 20 Rappen mit den 876 kWh Energie, die Dürrs Schwerarbeiter mit 12-Stunden-Tag in einem Jahr erbringt, so kostet der Stromsklave 175 Franken pro Jahr. Darum gibt es so viele von ihnen. Noch billiger als der Strom- ist der Ölsklave: 876 kWh Energie entsprechen 87 Liter Heizöl zu Kosten von heute rund einem Franken. Ergibt pro Jahr 87 Franken.

Die Energiesklaven unter der Motorhaube

Der Begriff Energiesklave dürfte allerdings älter sein als Dürrs Rechnung. Ich selber habe den Begriff auch nicht erfunden, aber schon 1994 benutzt, nämlich in einem Bericht über den Genfer Autosalon. Erschienen ist dieser am 19. März 1994 in der «Berner Zeitung» unter dem Titel: «Die Energiesklaven, die unter der Motorhaube schlummern.»

Meine damalige Rechnung beschränkte sich auf Spitzenleistungen: Laut Versuchen an der ETH Zürich erbrachten Spitzensportler auf dem Velo-Ergometer kurzzeitig eine Leistung von 0,4 Kilowatt. Diese menschliche Leistung verglich ich mit der maximalen Ausgangsleistung von 300 Kilowatt, die der Motor des am Autosalon präsentierten Mercedes S 600 aufwies. Um die gleiche Leistung wie der Mercedes zu erbringen, so rechnete ich, «müssten 750 hochtrainierte Energiesklaven unter der Motorhaube in die Pedale treten». Allerdings werde diese geballte Kraft «bloss bei riskanten Überholmanövern oder freier Fahrt auf deutschen Autobahnen benötigt», schrieb ich weiter, denn: «Im stockenden Kolonnenverkehr liegen die meisten Energiesklaven unter den Motorhauben brach.»

Energiesklaven nach Input berechnet

Die obigen Rechnungen orientieren sich am Energie-Output. Sie lassen damit ausser Acht, dass Menschen und Motoren unterschiedlich lang und unterschiedlich intensiv arbeiten. Selbst Schwerarbeiter schuften heute nicht mehr ohne Ferien 12 Stunden lang pro Tag, und sie erbringen kaum eine Dauerleistung von einem Viertel eines Pferdes. Zudem haben sowohl Menschen als auch Ottomotoren einen lausigen energetischen Wirkungsgrad: Beide verpuffen über drei Viertel der Energie, die sie in Form von Nahrung oder Benzin einnehmen, als Abwärme.

Die Berechnung der rund «fünfzig Energiesklaven», die ich im ersten Kapitel dieses Buches nenne, basiert darum nicht auf dem Output, sondern auf dem Input. Konkret: Ein mittelschwerer Mensch in der Schweiz verbraucht täglich 2700 Kilokalorien pro Tag in Form von Nahrung. Das ergibt einen Energie-Input von 1146 Kilowattstunden (kWh) Nahrungsenergie pro Person und Jahr. Oder es entspricht einer konstanten Input-Leistung von 0,13 Kilowatt.

Der Primärenergie-Bedarf in der Schweiz inklusive der Importüberschuss an grauer (in Importprodukten enthaltenen) Primärenergie, schwankt heute je nach Berechnung zwischen 6,3 bis 10,0 Kilowatt konstanter Leistung pro Kopf und Jahr. Die Differenz zwischen oberer und unterer Zahl ist deshalb gross, weil die Daten zur grauen Energie stark auseinanderklaffen.

Ich wähle hier eine konservative Schätzung von 6,5 Kilowatt (KW) direkter und grauer Primärenergie-Leistung pro Person. Diese 6,5 KW dividiere ich durch die Leistung von 0,13 KW Nahrungsenergie-Leistung pro Person. Daraus resultiert die im ersten Kapitel verwendete Zahl von 50 Energiesklaven, die für eine Durchschnittsperson in der Schweiz malochen. Diese Zahl liegt nahe der Zahl, die Hans-Peter Dürr in seiner viel zitierten Output-Rechnung für Deutschland ermittelte (55).

Multipliziert man die 50 Energiesklaven mit der Einwohnerzahl, so stellt man fest: In der Schweiz leben 8 Millionen Menschen, 400 Millionen Energiesklaven und obendrein rund 20 Millionen Haus- und Nutztiere. Insgesamt ist die kleine Schweiz also ziemlich dicht bevölkert.

Produktivität von Fall zu Fall

Einen Teil unserer Energiesklaven setzen wir ein, um die Nahrung auf den Feldern zu ernten, zu verarbeiten, zu transportieren und zu kochen. Kommt dazu: Von den pflanzlichen Kalorien, die dank Sonnenenergie und Photosynthese auf den Feldern wachsen und reifen, landet nur etwa ein Fünftel als Nahrungskalorien auf unseren Tellern. Vier Fünftel gehen als Umwandlungsverluste verloren; der Grossteil davon in Tiermägen, nämlich bei der Umwandlung von pflanzlichen Kalorien zu Fleisch und Milch. Zudem endet ein beträchtlicher Teil der Nahrung als Abfall, sei es im Kehricht oder in Biogasanlagen. Was zeigt: Auch bei unserer Ernährung könnten wir uns von einigen unproduktiv eingesetzten Energiesklaven befreien.

Das Gleiche gilt im Verkehr: Um eine Person hundert Kilometer weit zu transportieren, benötigt ein Mittelklassewagen 8 Liter Benzin oder 7 Liter Diesel. Das entspricht einer Energiemenge von 70 kWh. Velofahrer brauchen keine Energiesklaven, sondern trampen selber: Mit einer Energiemenge in Form von Nahrung, die dem Energiegehalt von 8 Liter Benzin entspricht, kann ein rüstiger Velofahrer 5000 Kilometer weit pedalen – von Zürich nach

Athen und wieder zurück. Im Personentransport ist ein Velofahrer also 50 Mal produktiver als ein Autofahrer (ohne Mitfahrer). Doch weil die Benzinsklaven so billig sind, legen Schweizerinnen und Schweizer trotzdem viel mehr Kilometer im ineffizienten Auto als auf dem effizienten Velo zurück.

Die Systemgrenzen und damit die Rechnerei lassen sich beliebig erweitern. Dann stellt man zum Beispiel fest: Ein Benzinsklave, der in einer konventionellen Ölquelle in Saudi Arabien geboren ist, erforderte weniger Produktionsenergie als ein Benzinsklave, der aus Ölsand in Kanada herausgepresst wird. Eine Velofahrerin, die sich in der Schweiz vegetarisch und saisongerecht ernährt, benötigt weniger Energiesklaven und fährt mit weniger Primärenergie von A nach B als ein velofahrender Fleischesser. Am unproduktivsten ist der Fahrer eines schweren Autos mit hoher Motorenleistung, der sich seine Nahrungskalorien bevorzugt in Form von Rindsfilet zuführt.

2. Die Zukunft
Szenarien zur Energieversorgung bis zum Jahr 2050

«Prognosen sind schwierig, besonders wenn sie die Zukunft betreffen», spottete einst der dänische Physiker und Nobelpreisträger Niels Bohr. «Die Zukunft sollte uns interessieren, weil wir den Rest unseres Lebens in ihr verbringen», empfiehlt der Kalauerpoet und TV-Moderator Stephan Klapproth. Und die Erfahrung zeigt: Die Zukunft ist offen wie ein Kühlturm oder die Richterskala, welche die Stärke von Erdbeben misst.

Je ferner die Zukunft liegt, desto schwerer lässt sie sich voraussehen – zumal dann, wenn sie von ebenso schwer vorhersehbaren Erdbeben begleitet wird. Trotz solchen Erkenntnissen sind Prognosen sehr beliebt. Sie erhalten in den Medien viel Raum – manchmal mehr als die Resultate, die später zeigen, wie weit die Prognosen daneben lagen.

Von Prognosen und Szenarien

Prognosen gehören ins Geschäftsfeld von Hellsehern. Seriöse Prognostiker hingegen wissen, dass die Zukunft erstens anders kommt und zweitens als man denkt. Darum machen sie keine Prognosen, sondern sogenannte *Szenarien*, auch «Wenn-Dann-Analysen» genannt. Szenarien sollen zeigen, «was wird, wenn …». Hinter dem Wörtchen «wenn» stehen die Annahmen, die dem Szenario zugrunde liegen.

Die simpelsten Szenarien sind diejenigen, die davon ausgehen, dass eine Entwicklung wie etwa das Wachstum der Wirtschaft in Zukunft genauso verläuft wie in der Vergangenheit. Dazu ein Beispiel:

Die Basler Ökonomen Silvio Borner und Frank Bodmer präsentierten in ihrem Buch «Wohlstand ohne Wachstum – eine Schweizer Illusion» (Orell Füssli Verlag 2004) auf Seite 32 eine Tabelle. Diese zeigt, wie sich das Bruttoinlandprodukt (BIP) pro Kopf bis 2030 entwickeln wird, wenn dessen prozentuale Wachstumsraten von 1970 bis 2000 auf die nächsten dreissig Jahre fortgeschrieben werden. Resultat: Die «wachstumsschwache» Schweiz, die im Jahr 2000 noch auf Platz vier dieser BIP-Rangliste lag, würde bis 2030 auf Platz 21 von 23 erfassten Industriestaaten zurückfallen. Das Wirtschafts-Wunderland Irland hingegen würde sein kaufkraft- und teuerungsbereinigtes BIP pro Kopf von 2000 bis 2030 nahezu vervierfachen und damit vom siebten auf den zweiten Platz der BIP-Rangliste vorrücken.

Die Wirtschaftsredaktion des Zürcher «Tages-Anzeigers» fand die Fortschreibung der vergangenen Wachstumsraten derart beeindruckend, dass sie die Tabelle ungefiltert abdruckte. Doch solche Hochrechnungen sind unsinnig. Denn mit zunehmendem Wohlstand, so belegt ein Blick zurück, nehmen die prozentualen Wachstumsraten der Wirtschaft in der Regel ab.

Dieser Rückgang ist nicht nur logisch, sondern ein Segen. Denn ein gleichbleibender prozentualer Zuwachs führt mengenmässig zu einem exponentiellen und damit völlig unrealistischen Wachstum. Das lernten Primarschüler schon, bevor 1972 der «Club of Rome»-Bericht über die «Grenzen des Wachstums» veröffentlicht wurde. Darum spottete ich in der Wochenzeitung «WOZ»: «Hätten Borner und Bodmer ihre Tabelle nur zwanzig Jahre weiter hochgerechnet, dann wären sie zum Resultat gekommen, dass die Irinnen und Iren im Jahr 2040 pro Kopf und kaufkraftbereinigt bereits acht Mal mehr Güter und Dienste konsumieren müssten als heute – und damit hätte auch der ‹Tages-Anzeiger› den Irrwitz dieser Tabelle erkannt.»

Die wahre Zukunft brachte dann drei Veränderungen: Das Bruttoinlandprodukt im einst «wachstumsstarken» Irland ist nach der Wirtschaftskrise von 2008 massiv eingebrochen. Die vormals wachstumsschwache Schweizer Wirtschaft hingegen wuchs zwischen 2000 und 2010 stärker als in den 1990er-Jahren – und liess die arbeitslosen Iren vor Neid erblassen. Silvio Borner blieb ein vielzitierter Ökonom und wurde Kolumnist in der «Weltwoche». Geblieben ist die Erkenntnis: Prognosen oder Szenarien, welche die Vergangenheit unbesehen in die Zukunft fortschreiben, sind Mumpitz.

Etwas Theorie muss sein

Die Basis von Prognosen bildet meist ein Referenz-Szenario. Das Referenz-Szenario geht in der Regel davon aus, dass wirtschaftliche und politische Rahmenbedingungen (nicht zu verwechseln mit den Entwicklungen) so bleiben, wie sie heute sind. Doch Politik und Wirtschaft wandeln sich. Referenz-Szenarios zeigen darum nicht die wahrscheinlichste Zukunft. Sondern sie dienen in erster Linie als *Vergleichsmodell*, das zeigen soll, wie sich veränderte Rahmenbedingungen auf die Entwicklung auswirken. Daraus lässt sich zum Beispiel abschätzen, ob und wieweit neue Vorschriften oder andere Massnahmen die Referenz-Entwicklung beeinflussen.

Hält die Wirklichkeit nicht – und meistens hält sie nicht –, was Szenarien erwarten lassen, so gibt es dafür wiederum mehrere Gründe: Manches, was eine Entwicklung beeinflusst, lässt sich nie voraussehen – das gilt sowohl für natürliche als auch für wirtschaftliche Erdbeben. Oder: Wichtige Faktoren werden ausgeklammert. Oder: Parlament und Volk entscheiden anders, als die Szenarien-Macher erwarten, usw. Die grössten Differenzen zwischen Szenario und Resultaten entstehen jeweils, wenn die Szenarien-Macher das Wachstum von Bevölkerung und Wohlstand über- oder unterschätzen. So viel Theorie gilt es zu beachten, um die folgenden Informationen zur Energiezukunft zu relativieren.

Zukunft mit und ohne Atomkraft

Schon im Jahr 2007 veröffentlichte das Bundesamt für Energie (BFE) «Energieperspektiven» bis zum Jahr 2035. Grund: Die Pensionierung der Schweizer Atomkraftwerke rückte näher. Denn das älteste, Beznau I, ging bereits 1969 in Betrieb, und das jüngste in Leibstadt dampft auch schon seit 1984. Die Elektrizitätswirtschaft begann, öffentlich über den Bau von neuen AKW nachzudenken, nachdem das Volk 2003 eine Verlängerung des 1990 beschlossenen Atommoratoriums abgelehnt hatte. Ihre PR-Leute kreierten den Begriff «Stromlücke» und warnten, die wachsende Nachfrage nach Elektrizität lasse sich mit dem heutigen Angebot bald nicht mehr decken. Die grossen Schweizer Stromkonzerne Axpo, Atel (heute Alpiq) und BKW Energie AG reichten 2008 Gesuche für drei neue AKW ein, die sich gegenseitig konkurrenzierten. Die alte Atomdebatte wurde damit neu lanciert.

Schon 2007 war klar: Die Schweiz hat die Wahl. Sie kann mit oder ohne neue Atomkraftwerke in die Energiezukunft schreiten. Sicher ist nur eines: Die bisherige inländische Stromproduktion wird ab 2019 stufenweise abnehmen, wenn die alten AKW nach fünfzigjähriger Lebensdauer abgeschaltet werden und die Schweizer AKW-Beteiligungen in Frankreich auslaufen. Um die Differenz zwischen sinkendem Angebot und trendmässig weiter steigender Nachfrage bis 2035 zu stopfen, präsentierte das BFE einen Strauss von insgesamt 21 Szenarien.

Die vielzitierte Stromlücke, so zeigten alle Szenarien, lässt sich mit Stromsparen mehr oder weniger stark verkleinern und mit einem unterschiedlichen Mix an neuen Kraftwerken schliessen. Ein Teil der damaligen Szenarien setzte primär auf den Bau von einem oder mehreren neuen Atomkraftwerken. Die Mehrheit der Szenarien schloss die Lücke aber schon damals ohne Atomenergie, nämlich mit neuen Gaskraftwerken, mit der Verstromung von erneuerbarer Energie oder mit einem Mix aus fossiler und erneuerbarer Energie.

Drei Perspektiven nach «Fukushima»

Die Atomkatastrophe vom 11. März 2011 im japanischen Fukushima schränkte dann den beliebigen Szenarien-Strauss ein, den das BFE 2007 präsentiert hatte. Denn im Mai 2011 beschloss der Bundesrat, den Bau von neuen Atomkraftwerken innerhalb der Schweiz zu verbieten. Die alten Atomstromfabriken hingegen sollen gemäss bisherigem Gesetz weiterbetrieben werden, solange die Aufsichtsbehörde die gesetzlichen Sicherheitsanforderungen als erfüllt beurteilt; bei dieser Aufsichtsbehörde handelt es sich um das Eidgenössische Nuklear-Sicherheits-Inspektorat, besser bekannt unter dem Kürzel Ensi. National- und Ständerat unterstützten in den folgenden Monaten diesen langfristigen Atomausstieg. Der Weg für eine neue Energiestrategie war damit frei.

Derweil beauftragte Energieministerin Doris Leuthard ihr Bundesamt für Energie, die Perspektiven von 2007 anzupassen und zu aktualisieren; dies unter folgenden Voraussetzungen: Neue Atomkraftwerke sind ausgeschlossen. Für die alten Atomkraftwerke wird eine Laufzeit von fünfzig Jahren angenommen; demnach werden die Schweizer Atomkraftwerke gestaffelt abgeschaltet, das KKW Leibstadt als letztes im Jahr 2034. Das neue CO_2-Gesetz, das bis 2020 eine Verminderung des CO_2-Ausstosses und mithin des Öl- und Gasverbrauchs im Inland verlangt, ist zu berücksichtigen. Der Zeithorizont der Energieperspektiven ist zu verlängern von 2035 bis zum Jahr 2050.

Diese neuen «Energieperspektiven 2050» bilden die Grundlage für die Energiestrategie 2050 des Bundesrats. Dabei handelt es sich um einen wissenschaftlichen Bericht im Umfang von 900 Seiten mit vielen Untervarianten, den ich hier auf wenigen Seiten zusammenfasse. Dabei richte ich meinen Fokus auf die von der Regierung angestrebte Entwicklung.

Im Zentrum stehen drei Szenarien:

1. Das Referenz-Szenario *«Weiter wie bisher»* basiert auf dem heutigen Stand von Politik und Wirtschaft. Es zeigt, wie sich Angebot und Verbrauch von Energie in der Schweiz entwickeln, wenn die bis 2012 eingeführten Gesetze und energiepolitischen Massnahmen umgesetzt und bis 2050 fortgeführt werden, und wenn sich die Technik autonom weiterentwickelt. «Weiter wie bisher» bedeutet also eine Fortschreibung der heutigen Bedingungen, nicht aber eine Extrapolation der bisherigen Entwicklung. Im Gegenteil: Die Verfasser erwarten zum Beispiel, dass der gesamte Energieverbrauch in der Schweiz, der bis 2010 stetig stieg, auch ohne zusätzliche Massnahmen abnehmen wird, allerdings nicht so stark, wie der Bundesrat das anstrebt.

2. Das Szenario *«Neue Energiepolitik»* entspricht dem langfristigen Ziel des Bundesrates: Er will einerseits gestaffelt aus der Atomenergie aussteigen. Andererseits soll die Schweiz ihren CO_2-Ausstoss bis 2020 um zwanzig Prozent reduzieren, wie es schon das bestehende CO_2-Gesetz vorschreibt, und bis 2050 auf das global klimaverträgliche Mass von 1,5 Tonnen pro Person vermindern. Damit sich dieses Wunsch-Szenario erfüllt, genügen die verschärften energiepolitischen Massnahmen allerdings noch nicht, die der Bundesrat in seiner aktuellen Gesetzes-Vorlage zur Energiestrategie 2050 beantragt. Zusätzlich setzen die Verfasser bei diesem Szenario voraus, dass die Energieforschung weitere technische Fortschritte ermöglicht. Und sie erwarten, dass sich die Staaten auf eine international abgestimmte Politik zur Steigerung der Energieeffizienz sowie zur Reduktion der CO_2-Emissionen einigen.

3. Das Szenario *«Politische Massnahmen»* bewegt sich zwischen «Weiter wie bisher» und «Neue Energiepolitik». Es geht davon aus, dass die Gesetzes-Revisionen, die der Bundesrat in seiner Vorlage vom 28. September 2012 beantragte, unverändert vollzogen werden (mehr darüber im 4. Kapitel). Fortschritte in der Forschung, die erwähnte «international abgestimmte Politik» sowie weitere Massnahmen wie etwa die Einführung einer Energielenkungsabgabe sind in diesem mittleren Szenario also nicht enthalten.

2010 wendet sich der Energietrend
Entwicklung des Verbrauchs von Endenergie in der Schweiz von 1950 bis 2010 und BFE-Szenarien von 2010 bis 2050, in Milliarden Kilowattstunden (Mrd. kWh)

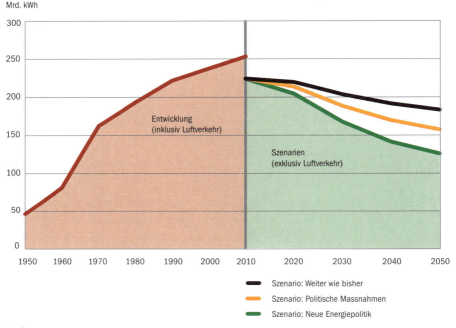

Quelle:
Daten 1950 bis 2010: BFE-Gesamtenergiestatistik inklusive Flugverkehr.
Daten 2010 bis 2050: BFE-Energieperspektiven, exklusive Flugverkehr.

Energiewende schon ab 2010

Seit dem Zweiten Weltkrieg ist der Konsum von Endenergie in der Schweiz – bei jährlichen Schwankungen – in jedem Jahrzehnt gewachsen und hat sich von 1950 bis 2010 verdreifacht. Die Ergebnisse aller Energieperspektiven markieren nun eine Wende dieses langfristigen Trends: Ab 2010, so erwarten die Verfasser des Grundlagenberichts, sinkt der Verbrauch von Endenergie in allen Szenarien. Im Jahr 2050 liegt der Konsum demnach markant unter demjenigen von 2010. Je nach Szenario schwankt der Rückgang zwischen rund zwanzig und fünfzig Prozent (siehe dazu die Grafik oben: «2010 wendet sich der Energietrend»).

Bemerkenswert ist: Selbst das Szenario «Weiter wie bisher», das auf dem heutigen energiepolitischen Stand gründet, leitet diese Energiewende ein. Die seit Jahrzehnten beschworene Entkoppelung von Wirtschaftswachstum und Energieverbrauch soll ab 2010 also endlich gelingen, und dies in zunehmendem Mass. Der Hauptgrund: 2011 trat das verschärfte CO_2-Gesetz in Kraft. Dieses sieht vor, dass die bescheidene CO_2-Abgabe auf Brennstoffen stufenweise erhöht wird auf maximal 120 Franken pro Tonne CO_2 und auf diese Weise die fossilen Energieträger verteuert. Damit stünde künftig mehr Geld zur Verfügung, um bestehende Gebäude energetisch zu sanieren. Zudem senken die CO_2-Vorschriften, welche die Schweiz ab 2015 von der EU übernimmt, den zulässigen Treibstoffverbrauch von neuen Autos.

Diese bisherigen energiepolitischen Massnahmen werden im Szenario «Politische Massnahmen» weiter verschärft und im Szenario «Neue Energiepolitik» durch – noch unbekannte – zusätzliche Fortschritte ergänzt. Vor allem daraus resultiert bei diesen weitergehenden Szenarien der stärkere Rückgang des Energiebedarfs.

Noch ausgeprägter als der Energieverbrauch sinkt bei allen Szenarien ab 2010 der Ausstoss des klimawirksamen Gases CO_2. Denn das CO_2-Gesetz fördert nicht nur die Energieeffizienz von Autos, Geräten, Industrieproduktion usw. Es führt auch zu einer Verlagerung bei den Energieträgern: Weg vom Erdöl und Erdgas, hin zur Elektrizität. Vermehrt genutzt werden auch Biomasse, Solar- und Umgebungswärme. Das gilt in besonders ausgeprägtem Mass für das Wunsch-Szenario «Neue Energiepolitik» (siehe Grafik auf Seite 40: «Energieverbrauch jetzt und in Zukunft»).

Diese Verminderung des CO_2-Ausstosses wird allerdings abgeschwächt durch eine Zunahme an anderer Stelle. Das ergibt sich aus dem Konzept des Bundesrates, einen Teil des wegfallenden Atomstroms durch den Einsatz von neuen Gaskraftwerken und fossil betriebenen Wärme-Kraft-Kopplungs-Anlagen (WKK) zu ersetzen. Je nach Szenario braucht es dazu mehr («Weiter wie bisher») oder weniger Gaskraftwerke («Neue Energiepolitik»). In der abgebildeten Grafik «Energieverbrauch jetzt und in Zukunft» ist dieser zusätzliche Einsatz von Erdgas *nicht ersichtlich*. Grund: Diese Grafik erfasst den Verbrauch von *Endenergie*. Erdgas hingegen wird, wenn es in Kraftwerken zu Elektrizität umgewandelt wird, als *Primärenergie* verbucht. Der zusätzliche Erdgaseinsatz in Kraftwerken abzüglich dem Umwandlungsverlust verbirgt sich in der Grafik, methodisch korrekt, im Kuchenstück «Elektrizität».

Energieverbrauch jetzt und in Zukunft
End-Energieverbrauch und dessen Verteilung in der Schweiz in den Jahren 2010 und 2050, in Milliarden Kilowattstunden (Mrd. kWh)

End-Energieverbrauch 2010: 233,8 Mrd. kWh

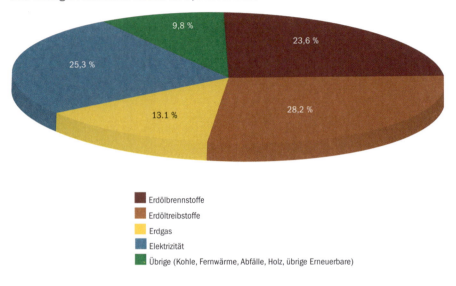

- Erdölbrennstoffe
- Erdöltreibstoffe
- Erdgas
- Elektrizität
- Übrige (Kohle, Fernwärme, Abfälle, Holz, übrige Erneuerbare)

End-Energieverbrauch 2050: 125,2 Mrd. kWh

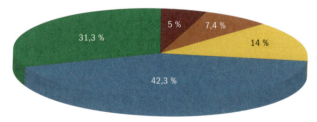

Quelle: BFE-Energieperspektiven 2050, exklusive Luftverkehr und Pumpspeicherbetrieb. Die Differenz zur Grafik auf Seite 22, Kuchen 2010, beruht vor allem darauf, dass die Energieperspektiven des Bundes den Spritverbrauch für die Flüge aus der Schweiz ins Ausland ausklammern.

Strom gewinnt Marktanteil

Der Stromkonsum – im Unterschied zum Energieverbrauch insgesamt – nimmt im Szenario «Weiter wie bisher» nochmals deutlich zu. Die «Politischen Massnahmen» zur Steigerung der Effizienz, die der Bundesrat in seiner Energiestrategie 2050 zusätzlich beantragt, lassen langfristig immerhin eine Stabilisierung des Stromkonsums auf dem Niveau des Jahres 2020 erwarten. Einzig beim Szenario «Neue Energiepolitik» resultiert – dank zusätzlicher Förderung der Stromeffizienz – eine geringfügige Abnahme des inländischen Stromverbrauchs. Der Anteil der Elektrizität am gesamten Energiekuchen nimmt in allen Szenarien zu.

In allen drei Elektrizitäts-Szenarien öffnet sich ab 2020 eine – mehr oder weniger grosse – Lücke zwischen Nachfrage und Angebot (siehe Grafik auf Seite 42: «Wie sich die Stromlücke öffnet»). Grund: Die gestaffelte Pensionierung der alten Atommeiler nach fünfzig Jahren Laufzeit vermindert das heutige Angebot im Inland. Die langfristigen Beteiligungen von Schweizer Stromversorgern an französischen Atomkraftwerken laufen ebenfalls stufenweise aus. Kohle- und Gaskraftwerke, welche die Schweizer Stromkonzerne im letzten Jahrzehnt im Ausland bauten oder kauften, könnten zwar allen wegfallenden Atomstrom locker ersetzen. Doch diese fossile Elektrizitätsproduktion von Inländern im Ausland wird gleich behandelt wie der übrige, im freien Handel eingekaufte Importstrom (mehr darüber im 3. Kapitel).

Die Lücke in der Elektrizitätsversorgung will die Landesregierung vor allem mit neuen Kraftwerken im Inland schliessen. Dabei setzt sie auf die vermehrte Verstromung von erneuerbarer Energie. Als Ergänzung kommen entweder fossile Kraftwerke im Inland oder Importe von Strom in Frage. Die Grösse der Lücke und mithin der Umfang der neuen Stromproduktion unterscheidet sich je nach Szenario.

Zusätzlich zu den drei Nachfrage-Szenarien präsentiert der Bundesrat drei Varianten zum Angebot. Diese zeigen, auf welche Art sich der unterschiedliche Strombedarf künftig decken lässt: Die erste Variante setzt das Schwergewicht auf fossile Stromproduktion. Die letzte Variante deckt die Lücke zwischen Nachfrage und atomfreiem Angebot mit zusätzlicher erneuerbarer Stromproduktion plus einem Überschuss an Importstrom. Bei der mittleren Angebots-Variante, die der Bundesrat bevorzugt, wird der wegfallende Atomstrom mit Sparen und einem Mix aus erneuerbarer Stromproduktion und fossilen Kraftwerken (WKK und Gaskombi-Kraftwerke) ersetzt.

Wie sich die Stromlücke öffnet

Entwicklung von bestehender Stromproduktion und Stromnachfrage innerhalb der Schweiz von 2000 bis 2050 (brutto, also inklusive Verbrauch der bis 2010 bestehenden Speicherpumpen und der Verteilungsverluste), in Milliarden Kilowattstunden

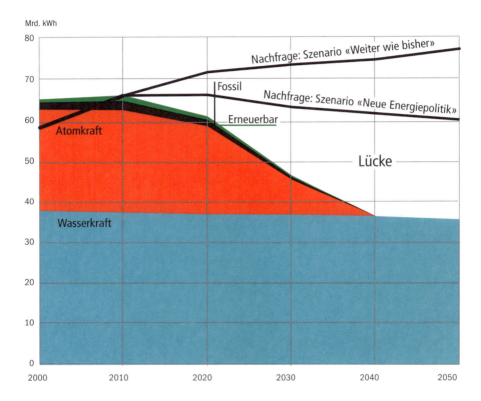

Quelle: BFE-Gesamtenergiestatistik, BFE-Szenarien, eigene Berechnung.

Dazu ein konkretes Beispiel: Die Differenz zwischen Angebot und Nachfrage ist im Jahr 2035 in allen Szenarien am grössten, weil 2034 mit «Leibstadt» das letzte AKW vom Netz geht. Im angestrebten Szenario «Neue Energiepolitik» wird diese Stromlücke im Jahr 2035 je zur Hälfte mit erneuerbarer Energie und mit fossilen WKK-Anlagen sowie Gaskraftwerken gestopft. Von 2035 bis 2050 sinkt in diesem Szenario die Nachfrage nach Strom weiter. Im gleichen Zeitrum wird der Bau von Wind- und Solarkraftwerken stark forciert. Darum steigt bis zum Jahr 2050 der Anteil der erneuerbaren Energie an der Stromproduktion, und der Anteil von Strom aus fossilen Kraftwerken nimmt wieder ab (siehe dazu die Grafik auf Seite 44: «Wie die Stromlücke gestopft wird»).

Einfluss der Wirtschaftsentwicklung

Es sei hier wiederholt: Szenarien sind keine Prognosen, die eintreffen, sondern Modelle. Wenn die Voraussetzungen ändern, dann ändert sich das Ergebnis. Das gilt nicht nur für die unterschiedlichen energiepolitischen Annahmen, auf denen die einzelnen Szenarien fussen. Ebenso stark prägen Bedingungen ausserhalb des Energiebereichs die Resultate.

Dazu gehört vor allem die Entwicklung der Wirtschaft. Denn wenn Produktion und Konsum in einem Land wachsen, braucht dieses Land tendenziell mehr Energie, als wenn die Wirtschaft schrumpft. Gemessen wird diese Entwicklung der Wirtschaft mit dem teuerungsbereinigten Bruttoinlandprodukt (BIP real). Weiter kommt es darauf an, wie sich die verschiedenen Wirtschaftsbereiche entwickeln. Beispiel: Wer das BIP mit dem Kauf von teuren Bildern oder Museums-Besuchen erhöht, trägt weniger zum Wachstum des Energiebedarfs bei als diejenigen, die ihren energieintensiven Verkehrs- oder Wohnkonsum steigern oder die Skiberge im Helikopter erklimmen.

Speziell zu beachten sind darum folgende Rahmenbedingungen, die allen Energieperspektiven des Bundes zugrunde liegen:

- Das BIP real wächst weiter, nämlich jährlich um durchschnittlich ein Prozent. Damit erhöht die Schweizer Wirtschaft ihren wertmässigen Umsatz bis zum Jahr 2050 um annähernd fünfzig Prozent gegenüber dem Jahr 2010. Dieses BIP-Wachstum resultiert zu einem Drittel aus der Zunahme der Bevölkerung, zu zwei Dritteln aus dem höheren Konsum pro Kopf. Trotzdem sinkt wie erwähnt der Verbrauch von Endenergie in allen Szenarien. Die Verfasser der

Wie sich die Stromlücke schliessen lässt

Entwicklung der Stromnachfrage gemäss Wunsch-Szenario «Neue Energiepolitik» und dem Produktionsmix-Szenario «Fossil / Erneuerbar» in der Schweiz von 2000 bis 2050.
Daten brutto, also inklusive Pumpspeicher-Betrieb von bestehenden und neuen Pumpspeicher-Kraftwerken, in Milliarden Kilowattstunden

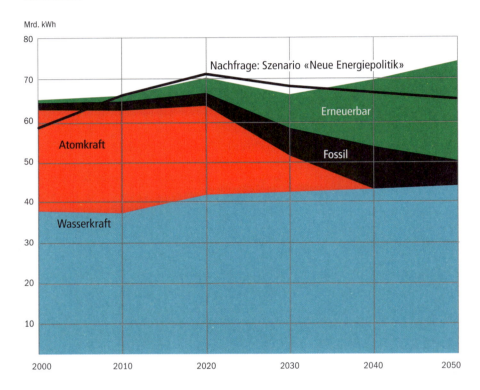

Quelle: Gesamtenergiestatistik, BFE-Szenaro «Neue Energiepolitik», eigene Berechnung.

Energieperspektiven erwarten also, dass die Energieeffizienz künftig stärker wächst als die Wirtschaft. Ob die Wirklichkeit hält, was diese Annahme verspricht, erfahren unsere Kinder und Enkelinnen in knapp vierzig Jahren. Wenn's geschieht, wär's wie erwähnt ein Trendbruch.

- Innerhalb des BIP wächst der Sektor Dienstleistungen geringfügig stärker als der Sektor Industrie- und Gewerbe. Der Einfluss dieser Verlagerung bleibt aber gering. Denn es gibt sowohl in der Industrie als auch bei den Dienstleistungen Bereiche mit mehr oder weniger Energieverbrauch.
- Die Energiebezugsfläche (EBZ) in Gebäuden sowie der Personenverkehr, die heute beide einen wesentlichen Anteil der Energie beanspruchen, wachsen von 2010 bis 2050 um je einen Drittel – und damit etwas weniger stark als das BIP insgesamt. Mit der Zunahme der EBZ, also der beheizten oder gekühlten Flächen in Gebäuden, wächst auch die energieintensive Bauwirtschaft, und die Zersiedelung schreitet voran. Das viel zitierte «immaterielle Wachstum» lässt damit weiterhin auf sich warten. Darauf weist auch die Entwicklung des Gütertransports hin; dieser nimmt laut Szenarien-Verfassern bis 2010 annähernd gleich stark zu wie das BIP.

Keine Perspektive ohne Wachstum

Die genannten Rahmendaten sind bei allen drei Energie-Szenarien gleich. Die Verfasser nehmen also an, dass die unterschiedliche Energiepolitik, die den drei Szenarien zugrunde gelegt wird, das Verhalten von Konsumentinnen und Produzenten und mithin das Wachstum von Wirtschaft, Wohnflächen oder Verkehr in keiner Weise beeinflusst. Ihre Begründung: Solange technologische Optionen zur Verfügung stünden, würden «Suffizienzstrategien als nicht akzeptabel» angesehen («Suffizienz» bedeutet Vermeiden, Masshalten oder Genügsamkeit, «Suffizienzstrategien» peilen also einen gemässigten oder einfacheren Lebensstil an).

Im Klartext: Keine der neuen Energieperspektiven des Bundesrates stellt das Wachstum in Frage. Die Schweiz, die schon heute zu den reichsten Ländern der Welt gehört, kann und soll ihren Wohlstand, Wohn- und Verkehrskonsum weiter steigern. Das ist der gemeinsame Nenner aller Szenarien. Die oben beschriebene Energiewende fusst also allein auf effizienterer Energietechnik. Die Differenzen zwischen den Szenarien ergeben sich, weil sich der Einsatz von produktiver Technik je nach gewählter Energiepolitik unterscheidet.

Aus dieser fragwürdigen Annahme lassen sich zwei Umkehr-Schlüsse ziehen: Wenn Wirtschaft, Wohn- oder Verkehrskonsum nicht oder weniger stark wachsen, als alle Szenarien voraussetzen, dann wird der Energieverbrauch bei allen Szenarien stärker sinken. Oder: Mit weniger Wachstum lassen sich die gleichen Ergebnisse mit weniger technischem Aufwand erreichen.

Stromwirtschaft steht am Berg

Prognosen und Szenarien sind nie neutral. Sie spiegeln stets die Weltanschauung und Interessen der Auftraggeber. Eine wachstumsgläubige Regierung macht keine Perspektiven, die von einer Schrumpfung der Wirtschaft ausgehen. Oder: Eine Studie der Atomlobby wird nie zum Schluss kommen, eine atomfreie Zukunft sei besser oder billiger als eine mit Atomenergie. Der Fächer an Energiezukünften, welche nur schon die Energieperspektiven des Bundes öffnen, lässt sich somit beliebig erweitern. Das zeigen – stellvertretend – die alternativen Stromszenarien von Stromwirtschaft und Grünen:

Der (Dach-)Verband Schweizerischer Elektrizitätsunternehmen (VSE) skizziert drei eigene «Wege in die Stromzukunft». Diese basieren zum Teil auf den drei gezeigten Energieperspektiven des Bundes. Alle VSE-Szenarien gehen ebenfalls davon aus, dass die Schweizer Atomkraftwerke nach fünfzig Jahren Lebensdauer abgestellt und keine neuen gebaut werden. Dabei legt der VSE einen stärkeren Akzent auf die Schwierigkeiten, die ihm dieser unfreiwillige Ausstieg aus der Atomenergie auferlegt. Das illustrieren schon die Namen: Das Szenario «Weiter wie bisher» heisst beim VSE «Bergwanderung», das mittlere Szenario «Alpiner Pfad». Die vom Bundesrat angepeilte «Neue Energiepolitik» nennt der Stromverband in seiner (Ab-)Werbebotschaft «Klettertour» und schreibt dazu defensiv: «Bei dieser Tour leisten Sie grossen Verzicht, treffen rigorose Entscheidungen, nehmen grosse Einschränkungen in Kauf und benötigen Biss während sehr langer Zeit, um das Ziel zu erreichen.» Im Unterschied zum Bundesamt für Energie glaubt der VSE also nicht, dass Technik allein den Energietrend wendet.

Ich beschränke mich hier auf die beiden Eck-Szenarien des VSE (dazwischen liegt der «Alpine Pfad»):

- Beim Szenario «Bergwanderung» steigt der Strombedarf von 2010 bis 2050 um weitere 25 Prozent. Gedeckt wird dieser Verbrauch im Jahr 2050 zu 55 Prozent mit erneuerbarer Energie (primär wie heute mit Wasserkraft). 18 Prozent des Stroms stammen aus Gaskraftwerken im Inland und 27 Prozent aus zusätzlichem Importüberschuss. Die Stromkosten steigen bei diesem Szenario um 30 Prozent.

- Beim VSE-Szenario «Klettertour» mit «fundamental neuer Energiepolitik» verbraucht die Schweiz im Jahr 2050 sieben Prozent weniger Strom als heute. Den verbleibenden Bedarf deckt sie zu hundert Prozent mit erneuerbarer Energie aus dem Inland. Dabei steigen die Stromkosten gegenüber heute um 70 Prozent.

Umstieg im Schneckentempo

Zwischen «Bergwanderung» und «Klettertour» bestehen also deutliche Unterschiede; dies sowohl beim Stromverbrauch als auch bei dessen Deckung im Jahr 2050. Bemerkenswert ist zudem die Entwicklung in den verschiedenen Zeiträumen. So erwartet der VSE die Wende in der Schweizer Stromversorgung zur Hauptsache erst zwischen 2030 und 2050 – also erst ab einem Zeitpunkt, ab dem die heutige Führungsriege der Schweizer Stromwirtschaft (samt den Szenarien-Verfassern) bereits pensioniert sein wird.

Konkret: Bis 2025 geht der VSE bei all seinen Szenarien von einem weiteren Anstieg des Stromverbrauchs aus. Selbst bei der «Klettertour» beginnt der Verbrauchsrückgang erst 2030. Den Atomstrom, der ab 2020 stufenweise wegfällt, will der Strom-Dachverband bis zum Jahr 2030 primär durch zusätzlichen Importüberschuss decken. Bei den Szenarien 1 («Bergwanderung») und 2 («Alpiner Pfad») setzt der VSE zusätzlich den Bau von inländischen Gaskraftwerken voraus. Wind- und Solarkraft hingegen tragen bei allen Szenarien bis 2030 noch weniger als zwei Prozent zur Schweizer Stromversorgung bei. Erst nach dem Jahr 2030 erfolgt laut VSE ein massiver Zubau von Wind- und Solarkraftwerken. Beim Szenario «Klettertour» erreichen inländischer Wind- und Solarstrom im Jahr 2050 einen Anteil von rund 30 Prozent am Schweizer Stromverbrauch.

Den Umstand, dass beim VSE die Energiewende erst nach 2030 stattfindet, mögen Spötter auf fehlende Wandlungsfähigkeit der heutigen Strommanager zurückführen. Es gibt dafür aber auch ökonomische Gründe: Die Rezession in der EU senkte ab 2008 den Stromverbrauch und drückte die Preise auf dem europäischen Strommarkt. Der zeitweilige Überschuss an subventioniertem Wind- und Solarstrom (vor allem aus Deutschland) verkürzt die jährliche

Betriebsdauer und damit die Rentabilität von konventionellen Kraftwerken zusätzlich. Marktverzerrungen zwischen subventioniertem und konventionellem Strom sowie Unsicherheit über die wirtschaftliche Entwicklung, so erwartet der VSE, hemmen in naher Zukunft inländische Investitionen in die Energiewende. Darum rechnet die Elektrizitätswirtschaft in der Schweizer Stromversorgung mittelfristig mit stark wachsenden Importüberschüssen und wenig neuer Stromproduktion im Inland.

Grüne Szenarien als Gegenpol

Die Szenarien der Stromverkäufer stehen in deutlichem Kontrast zu grünen Szenarien: Der Verband Swissolar zum Beispiel will schon im Jahr 2025 einen Anteil von 20 Prozent des Schweizer Stromverbrauchs mit Solarstrom decken. Die Suisse Eole wünscht sich 120 inländische Windparks mit je fünf bis zehn Windturbinen und damit einen Anteil von zehn Prozent an der Schweizer Stromversorgung. Der SP-Energieexperte Ruedi Rechsteiner strebt in seinem neusten Buch eine «100 Prozent erneuerbare Stromversorgung» bereits im Jahr 2030 an. Der Westschweizer SP-Nationalrat Roger Nordmann will nicht nur Strom, sondern langfristig alle Energie aus erneuerbaren Quellen schöpfen; diese Strategie skizziert Nordmann im Buch «Atom- und Erdölfrei in die Zukunft».

Mit ihren Volksinitiativen «Für einen geordneten Atomausstieg» und eine «Grüne Wirtschaft», die sie 2012 einreichte, will die Grüne Partei die Energiewende ebenfalls beschleunigen. Demnach soll die Laufzeit der bestehenden Atomkraftwerke auf 45 Jahre begrenzt, das letzte AKW also bereits 2029 abgeschaltet werden. Zudem fordern die Grünen bis 2050 einen Rückgang der inländischen Emissionen von Treibhausgasen auf nur noch eine Tonne CO_2 pro Kopf und Jahr.

Um ihre härteren Forderungen umzusetzen, skizzieren die Grünen zwei unterschiedliche Wege: Das Szenario «Energie-Reform» basiert – wie die Perspektiven des Bundes – primär auf Technik: Mit massiver Steigerung der Energieeffizienz, forciertem Bau von Wind- und Solarkraftwerken sowie dem Umstieg auf Nullenergie-Häuser und Elektroautos soll die Schweiz bis 2029 allen wegfallenden Atomstrom ersetzen, bis 2050 den fossilen Energiekonsum auf einen Bruchteil reduzieren und mit erneuerbarer Energie substituieren. Das Szenario «Kurswechsel» geht zusätzlich von einem wirtschaftlichen, gesellschaftlichen und individuellen Wandel aus, der von Suffizienz, also einem bescheidenen, weniger materiellen Lebensstil geprägt wird. Dieser «Kurswechsel» kann einen Teil der technischen Investitionen ersparen, die das Szenario «Energie-Reform» voraussetzt.

In einem Punkt unterscheiden sich alle grünen Szenarien von den Perspektiven des Bundesamtes für Energie und der Stromwirtschaft: Sie streben einen schnelleren Übergang zur Versorgung mit erneuerbarer Energie an. Damit benötigen sie weniger Importstrom und können auf Gaskraftwerke verzichten, welche BFE und VSE zumindest vorübergehend voraussetzen.

Das Wurstel-Szenario

Es bleibt ein Szenario, das keine der erwähnten Organisationen beschreibt. Ich nenne es das «Laisser-Faire-» oder «Wurstel-Szenario», und das geht so: Schon die Umsetzung der bisherigen Energiepolitik harzt. Der Bundesrat vollzieht das 2011 revidierte CO_2-Gesetz ebenso inkonsequent, wie er das schon beim ursprünglichen CO_2-Gesetz von 1999 getan hat. Die CO_2-Abgabe auf fossilen Treibstoffen bleibt damit tief. Die Änderung des Kernenergiegesetzes, in dem der Bundesrat ein Verbot von neuen Atomkraftwerken vorschreibt, scheitert 2014 im Parlament. Grund: Einige CVP- und BDP-Parlamentarier, die 2011 noch für den Ausstieg stimmten, stimmen jetzt dagegen und verhelfen der Pro-Atom-Koalition aus FDP und SVP zur Mehrheit. Auf Druck der Wirtschaftsverbände verwässert das Parlament darauf auch die vom Bundesrat beantragte Verschärfung des Energiegesetzes. Die verunsicherten Stimmbürgerinnen und Stimmbürger lehnen 2014 die beiden grünen Volksinitiativen knapp ab.

Als Folge davon verharrt der gesamte Energieverbrauch auf hohem Niveau, und der Elektrizitätsverbrauch steigt sogar stärker als im BFE-Szenario «Weiter wie bisher». Die Schweizer Stromfirmen Axpo, Alpiq und BKW setzen alles daran, um ihre alten Atomkraftwerke länger als fünfzig Jahre betreiben zu können. Doch die notwendigen Nachrüstungen werden immer aufwendiger, und ihre Rentabilität nimmt ab. Denn die Marktpreise an den europäischen Strompreisen bleiben tief. Darum gehen die alten AKW nach durchschnittlich fünfzigjähriger Lebensdauer vom Netz, wie das auch die BFE-Szenarien annehmen. Die Projekte für neue inländische AKW, obwohl vom Gesetz weiterhin erlaubt, erweisen sich als Luftschlösser. Zum Ärger von Alt-Nationalrat Rolf Schweiger (FDP) und andern alternden AKW-Befürwortern bleiben sie in den Schubladen. Denn die

Stromkonzerne Axpo, Alpiq und BKW, gebeutelt von ungedeckten Entsorgungskosten für ihre alten AKW, zweifeln jetzt selber an der Wirtschaftlichkeit von neuen Atomkraftwerken.

Die Atomenergie bleibt also ein unkalkuliertes Klumpenrisiko. Gleichzeitig verzichten die Stromunternehmen darauf, die neuen Gaskombi-Kraftwerke zu realisieren, die der Bundesrat in seiner Energiestrategie 2050 vorsieht, aber nicht selber bauen kann. Grund: Der Bau von Gaskraftwerken in Italien und Frankreich bleibt billiger, weil dort die CO_2-Emissionen im Unterschied zur Schweiz nicht kompensiert werden müssen. Im Jahr 2030, nachdem das AKW Gösgen abgestellt worden ist, übersteigt der wachsende Überschuss an Importstrom erstmals die geschrumpfte Stromproduktion im Inland. Ab 2034 geht auch das AKW Leibstadt vom Netz. Stromzusammenbrüche häufen sich, weil der Importbedarf in Spitzenzeiten die Kapazität des Stromnetzes überschreitet. Das Defizit im Schweizer Aussenhandel erreicht 2035 einen Rekordwert, denn die – vorübergehend tiefen – Marktpreise für alle importierten Energieträger sind ab 2020 wieder stark gestiegen.

Das Risiko besteht, dass die Schweiz dieses passive «Wurstel-Szenario», das niemand plant und wünscht, erleiden wird.

Das Wichtigste zusammengefasst

Die Energiezukunft ist offen. Beeinflusst wird sie vor allem von der ungewissen Entwicklung der Wirtschaft sowie der Energiepolitik. Szenarien zeigen, wie die Energiepolitik den Verbrauch und die Produktion der Energie beeinflussen kann. Die meisten Szenarien, die das Bundesamt für Energie und private Interessenorganisationen präsentieren, gehen davon aus, dass die Wirtschaft weiter wächst, die Energieeffizienz steigt und die Bevölkerung ihr heutiges Konsumverhalten beibehält. Die Resultate der langfristigen Szenarien unterscheiden sich stark, je nach verfolgter Politik. Ohne Wandel der heutigen Politik droht ein «Laisser Faire»-Szenario, das die Abhängigkeit der Schweiz von Stromimporten massiv erhöht.

Exkurs: Wie steht's mit den Kosten?

Bei der Energiewende geht es nicht nur um Kilowattstunden, sondern auch ums Geld: «Was kostet die Energiestrategie», lautet eine der ersten Fragen, die Kritiker und Medienschaffende jeweils stellen. Die Frage ist gut, und an Antworten fehlt es nicht. Mehrere Parteigutachten – vom Bundesamt für Energie über die Umweltverbände bis zur Economiesuisse – widmen sich den Kosten oder den volkswirtschaftlichen Auswirkungen, welche der Atomausstieg und die Energiestrategie des Bundesrates nach sich ziehen. Doch die Antworten zu den Kosten und volkswirtschaftlichen Auswirkungen, welche die Energiestrategie bis zum Jahr 2050 nach sich ziehen wird, sind mit noch zahlreicheren «Wenn-Dann»-Annahmen und Unsicherheiten verknüpft als die Abschätzungen über den Energiekonsum und Energiemix.

Eines ist gewiss: Im Vergleich zu einer Entwicklung, welche die Vergangenheit in die Zukunft fortschreibt, ist die Energiewende sowohl mit Mehr- als auch mit Minderkosten verbunden. Beispiel: Der Verzicht auf neue Atomkraftwerke erspart die dazu notwendigen Investitionen. Auf der andern Seite verursacht der Zubau von Wind-, Solar- und Biomasse-Kraftwerken sowie WKK-Anlagen zusätzliche Kosten, deren Höhe je nach Mix schwankt. Hohe Investitionen bedingt auch der Umbau der Stromnetze, den der Umstieg von zentral produziertem Atom- auf unregelmässig anfallenden Windstrom oder auf dezentral produzierten Solarstrom erfordert. Oder: Die energetische Sanierung von Gebäuden erhöht die Kosten, der Minderverbrauch an fossiler Energie und Elektrizität hingegen senkt die Kosten.

In den ökonomischen Berichten, die zusammen Tausende von Seiten füllen, haben viele Zahlen Platz, und alle sind spekulativ. Darum beschränke ich mich hier auf eine einzige Zahl: Beim bundesrätlichen Szenario «Politische Massnahmen», das einen Mix aus erneuerbarer und fossiler Stromproduktion voraussetzt, gehen die Verfasser der Energieperspektiven im Vergleich mit dem Szenario «Weiter wie bisher» für den gesamten Zeitraum von 2010 bis 2050 von saldierten Mehrkosten im Umfang von 25,2 Milliarden Franken aus.

Diese Zahl ist präzis, doch was sie wert ist, wird nicht beantwortet. 25,2 Milliarden Franken Mehrkosten können sich sowohl negativ auf die Staatsfinanzen als auch positiv auf den Umsatz der Volkswirtschaft auswirken. Was von beidem zählt jetzt?

Kommt dazu: Jede Interessengruppe rechnet anders. Die vielen Zahlen sind deshalb nicht vergleichbar. Darum mein Rat: Misstrauen Sie allen Resultaten der ökonomischen Zahlenschlacht, die sich Befürworter und Gegner der Energiewende lieferten und in den nächsten Jahren noch liefern werden.

3. Der Markt
Stromversorgung autark oder arbeitsteilig – das ist die Frage

Die im 2. Kapitel beschriebenen Energieperspektiven des Bundes haben (mit Ausnahme des fiktiven «Wurstel-Szenarios») eines gemein: Sie streben im Jahresmittel in der Schweiz eine weitgehende Selbstversorgung mit Elektrizität an. Stromautarkie sozusagen. So richten alle Elektrizitäts-Szenarien den Fokus auf die Lücke, die sich zwischen Angebot und Nachfrage von Strom innerhalb der Landesgrenzen öffnet: Das Angebot schrumpft, weil ab 2020 die Produktion von Atomstrom stufenweise wegfällt. Gleichzeitig wächst die Nachfrage gemäss Trendszenario weiter. Diese Lücke will der Bundesrat in erster Linie mit Effizienzsteigerung beim Stromverbrauch und mit neuen Kraftwerken im Inland schliessen (siehe Grafiken auf Seiten 42 und 44). Einzig jene Szenarien, die nach dem Atomzeitalter eine hundertprozentig erneuerbare Stromversorgung voraussetzen, nehmen zumindest vorübergehend einen Überschuss an Stromimport in Kauf.

Diese Selbstversorgungs-Perspektive ist untypisch. Denn in andern Wirtschaftssektoren ist die Schweiz stark vom Ausland abhängig, stärker als die meisten andern Länder es sind. Unsere Autos etwa werden im Ausland hergestellt. Wir importieren heute über vier Fünftel unserer Primärenergie, vom Erdöl über Erdgas bis zum Uran. Eine hohe Importabhängigkeit besteht auch bei den meisten andern Rohstoffen. Selbst unsere wichtigste Lebensgrundlage, die Nahrung, stammt mehrheitlich aus dem Ausland, sei es in Form von importierten Nahrungsmitteln oder in Form von Futtermitteln für unsere Fleischproduktion.

Die Schweiz ist nicht nur abhängig vom internationalen Markt, sie profitiert auch davon. Zum Kerngeschäft der Schweizer Wirtschaft gehört die Veredelung von importierten Rohstoffen und Halbfabrikaten zu hochwertigen Produkten, von denen ein beträchtlicher Anteil exportiert wird.

Selbst in der Elektrizitätsversorgung ist unser Land heute keineswegs autark. Denn nur 60 Prozent der Schweizer Stromproduktion stammen aus einheimischer Wasserkraft und weiterer erneuerbarer Primärenergie. Die übrigen 40 Prozent der inländischen Elektrizität werden heute mit importierten Atombrennstoffen sowie etwas Kehricht und fossiler Energie produziert.

Die Strombilanz der Schweiz 2010
Produktion, Import, Export und Verbrauch von Elektrizität in der Schweiz im Jahr 2010, in Milliarden Kilowattstunden (Mrd. kWh)

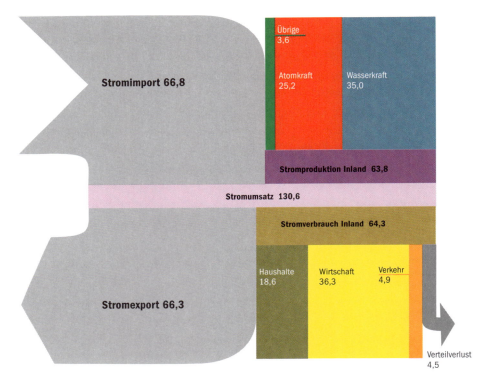

Quelle: BFE-Elektrizitätsstatistik.

Das Flussdiagramm zeigt: Der Strom-Aussenhandel der Schweiz (Import und Export) war 2010 grösser als die Produktion und der Verbrauch von Strom im Inland. Grund: Die Schweiz ist die Stromdrehscheibe Europas. Allerdings: Der Handelsfluss, den diese Elektrizitätsstatistik erfasst, ist nicht identisch mit dem physikalischen Stromfluss. Physikalisch floss nur etwa die Hälfte des gehandelten Stroms über die Grenze, nämlich 33,4 Mrd. kWh als Import und 32,9 Mrd. kWh als Export (Quelle: BFE).

Die Bilanz von Stromproduktion und Stromverbrauch innerhalb der Schweiz war im Jahr 2010 mit 64 Mrd. kWh nahezu ausgeglichen. Bei der Stromproduktion ist der Verbrauch der Speicherpumpen von rund 2,5 Mrd. kWh abgezogen. Mit der Inbetriebnahme der Pumpspeicher-Kraftwerke Linthal und Nant de Drance werden Stromproduktion, Verbrauch der Speicherpumpen und Verlust aus Pumpbetrieb steigen.

Markt förderte Stromtransport

Im Jahresmittel erzeugten die inländischen Kraftwerke bislang meistens etwas mehr oder gleich viel Elektrizität, wie Wirtschaft, Haushalte und öffentlicher Verkehr im Inland verbrauchten. Damit erfüllte die Schweiz die frühere Empfehlung der europäischen Stromverbund-Organisation UCTE. Demnach sollte die Jahresbilanz von Stromproduktion und Stromverbrauch in allen Ländern möglichst ausgeglichen sein, um die Regulierung des internationalen Stromnetzes mit seinen begrenzten Transportkapazitäten zu erleichtern.

Der zunehmende Strom-Grosshandel und später die Öffnung des europäischen Strommarktes für Endverbraucher bewirkten, dass das Prinzip der Selbstversorgung aufgeweicht wurde. Frankreich etwa baute ein Atomkraftwerk nach dem andern und produzierte damit einen wachsenden Exportüberschuss an Bandstrom. Italien hingegen nahm einen steigenden Importüberschuss in Kauf. Die Liberalisierung des Strommarktes sowie die wachsende Produktion von Wind- und Solarstrom in Deutschland liessen auch den kurzzeitigen Stromaustausch anschwellen. Das alles erfordert zusätzlichen Transport von Elektrizität. Darum stösst das europäische Stromnetz heute vielerorts an seine Kapazitätsgrenzen.

Handel ist grösser als Konsum

Ein beträchtlicher und wachsender Teil des europäischen Stromhandels wird über die Schweiz abgewickelt. Das belegt die offizielle Elektrizitätsstatistik: Die Menge an gehandeltem Strom, welche die Schweiz importiert und exportiert, ist bereits grösser als der gesamte Stromkonsum im Inland (siehe Grafik auf Seite: 54 «Die Elektrizitätsbilanz der Schweiz im Jahr 2010»).

Dieser grenzüberschreitende Austausch dient teilweise der inländischen Versorgung. So ist die Schweiz im Winterhalbjahr seit Jahren auf Importstrom angewiesen, weil die Wasserkraftwerke in den verschneiten Alpen im Winter weniger Elektrizität produzieren. Im Sommerhalbjahr hingegen erzeugen Wasser- und Atomkraftwerke einen Überschuss an Strom; dieser wird exportiert.

Beim Grossteil des Aussenhandels handelt es sich um ein arbeitsteiliges Geschäft wie jedes andere. So importiert die Schweizer Stromwirtschaft Elektrizität aus französischen Atom- oder deutschen Kohlekraftwerken; dies vorwiegend nachts, wenn Nachfrage und Marktpreise tief sind. In dieser Zeit können die inländi-

Schweizer Stromproduktion im In- und Ausland

Produktion in Milliarden Kilowattstunden pro Jahr*

Kraftwerke/Beteiligungen	Bestehende Kraftwerke 2008	Geplante Kraftwerke** 2008	Total 2020
Alle Kraftwerke im Inland brutto	67,0	8,0	75,0
./. Abzug Speicherpumpen	-2,7	-10,0	-12,7
Alle Kraftwerke im Inland netto	64,3	-2,0	62,3
– AKW-Beteiligungen in Frankreich	17,5	–	17,5
– Gaskraftwerk-Beteiligungen Ausland	16,5	22,7	39,2
– Kohlekraftwerk-Beteiligungen Ausland	5,2	16,1	21,3
Schweizer Stromproduktion im Ausland	39,2	38,8	78,0
Schweizer Produktion im In- und Ausland	103,5	36,8	140,3

* Produktion: Kraftwerke im Inland gemäss Elektrizitätsstatistik 2008. Für die Produktion im Ausland und die geplanten Kraftwerke habe ich folgende Volllast-Betriebsstunden pro Jahr angenommen: 7000 für Atom-, 6000 für Kohle-, 4500 für Gas- und 3000 für den Pumpbetrieb in Pumpspeicher-Kraftwerken.

** Planung: Im Ausland wurden alle geplanten Kraftwerke berücksichtigt, im Inland nur die Pumpspeicher-Kraftwerke Linthal, Nant de Drance, Bernina und Grimsel samt Verbrauch ihrer Speicherpumpen.

Quellen: Eigene Berechnungen/Schätzungen, basierend auf Beteiligungen und Projekten der grossen Schweizer Stromunternehmen sowie Daten der Energiestiftung SES. Stand 2010.

schen Produzenten ihre Wasserkraft in Stauseen speichern. Zudem wird ein Teil des Wassers mit importiertem Strom in die Stauseen hinaufgepumpt. An Werktagen hingegen, wenn die Nachfrage steigt, lässt die Schweiz das gespeicherte Wasser kurzzeitig auf die Turbinen rauschen und erzeugt einen Überschuss an Spitzenstrom für den Export.

Dieser Aussenhandel dient sowohl dem Ausgleich von Verbrauchsschwankungen im Jahres- und Tagesverlauf als auch der Profitmaximierung im Stromgeschäft. Denn die Marktpreise für Spitzenstrom sind höher als jene für Bandstrom, der rund um die Uhr erzeugt wird. Darum erzielt die Schweizer Stromwirtschaft im – mengenmässig ausgeglichenen – Import- und Exportgeschäft monetäre Gewinne, die in den letzten Jahren stets zwischen einer und zwei Milliarden Franken schwankten.

Mehr Produktion im Ausland

Grenzenlos ist nicht nur der Handel, sondern auch die Produktion: Die kapitalkräftigen Schweizer Elektrizitätsunternehmen, die sich mehrheitlich im Besitz von Kantonen und Gemeinden befinden, produzieren wachsende Mengen an Strom in den umliegenden Ländern. Im Jahr 2010 summierte sich die Elektrizitätsproduktion von Schweizer Kraftwerken und Kraftwerk-Beteiligungen, die sich ausserhalb der Landesgrenzen befinden, auf rund 40 Milliarden Kilowattstunden (kWh). Das entspricht zwei Dritteln des inländischen Strombedarfs. Der Löwenanteil davon entfiel auf AKW-Beteiligungen in Frankreich, Gaskraftwerke in Italien und Kohlekraftwerke in Osteuropa. Dieses Engagement von Schweizer Stromproduzenten im Ausland könnte sich bis 2020 verdoppeln und damit die Stromproduktion im Inland überschreiten, wenn alle geplanten Kraftwerke realisiert würden. Das ergab meine Recherche vor drei Jahren (siehe Tabelle auf Seite 56: «Schweizer Stromproduktion im In- und Ausland»).

Allerdings führte die Finanz- und Wirtschaftskrise ab 2009 zu einem Rückgang des Strombedarfs in Europa. Der drohende Strommangel wich mittlerweile einer Stromschwemme, welche die europäischen Marktpreise einbrechen liess. Seither ist ein Teil der damaligen Kraftwerk-Projekte noch realisiert worden, ein anderer Teil aber in den Schubladen verschwunden. Zudem verkaufte der Schweizer Stromkonzern Alpiq einen Teil seiner Gaskraftwerk-Beteiligungen in Italien, weil er sich mit seinen Ausland-Investitionen verspekuliert hatte und jetzt Schulden abbauen muss. Trotzdem: Mit ihren Kraftwerken und Kraftwerkbeteiligungen im In- und im Ausland zusammen erzeugen die Schweizer Stromkonzerne weiterhin viel mehr Strom, als Haushalte und Wirtschaft innerhalb der Schweiz verbrauchen.

International bestens vernetzt

Kommt dazu: Die Schweiz ist die Stromdrehscheibe Europas. Sie verfügt mit ihren grenzüberschreitenden Höchstspannungs-Leitungen über grosse Import- und Export-Kapazitäten. Und weil der Wohlstand hierzulande hoch ist, werden wir uns den Import von Strom auch dann noch leisten können, wenn das Angebot dereinst knapper wird und die Marktpreise wieder steigen. Das gilt auch dann, wenn die harzigen Verhandlungen über ein bilaterales Stromabkommen mit der EU, das den Markt zusätzlich liberalisieren soll, scheitern würden.

Kurzum: Innerhalb des europäischen Stromverbundes ist die Schweiz das Land, das als letztes unter dem Mangel an Strom leiden wird. Aus dieser europäischen Optik wird der Begriff «Stromlücke» hinfällig.

Damit fragt sich: Warum muss die Schweiz, wenn dereinst die alten Atomreaktoren abgeschaltet werden, ihren Strombedarf unbedingt mit neuen Produktionsanlagen im Inland decken? Ist es nicht besser, wenn sich das «Wasserschloss Europas» mit seinen bestehenden und geplanten Pumpspeicher-Kraftwerken noch stärker auf die Veredelung von Band- zu Spitzenstrom spezialisiert und einen wachsenden Importüberschuss in Kauf nimmt? Soll die Schweiz ihre Elektrizitäts-Versorgung also dem europäischen Markt überlassen? Ist das im vorherigen Kapitel beschriebene Wurstel-Szenario besser als sein Ruf?

Es gibt einige Gründe, diese Fragen zu bejahen: Die aktuellen Überkapazitäten an Kohle- und Gaskraftwerken in Europa und die Terminpreise an der europäischen Strombörse zeigen: Strom auf dem europäischen Markt bleibt in den nächsten Jahren billig – jedenfalls billiger als Strom aus neuen Wasser-, Wind-, oder Gaskraftwerken innerhalb der Schweiz. Ökonomisch gibt es darum wenig Anreiz, in neue Kraftwerke im Inland zu investieren. Zudem begrenzen Gewässer- und Landschaftsschutz im kleinräumigen Alpenland den Bau von Wind- und zusätzlichen Wasserkraftwerken. Die Förderung von Solarstrom-Anlagen geniesst zwar viel Goodwill, erfordert aber hohe Subventionen. Und inländische Gaskraftwerke stossen auf politischen Widerstand, weil sie die nationale Klimabilanz belasten. Das revidierte CO_2-Gesetz schreibt darum vor, dass Betreiber von Gaskraftwerken ihren CO_2-Ausstoss kompensieren müssen. Unter diesen Rahmenbedingungen wird in der Schweiz kein vernünftiger Investor Geld in nicht subventionierte Kraftwerke stecken.

Für Markt und Arbeitsteilung

Aus diesen und weiteren Gründen propagierte die von der Wirtschaft finanzierte Denkfabrik «Avenir Suisse» schon vor drei Jahren eine Strategie, welche «Energiesicherheit ohne Autarkie» anpeilt. Dazu soll die Schweiz ihren Strommarkt, zu dem heute nur Stromunternehmen und Grossverbraucher Zutritt haben, weiter öffnen und sich stärker in den europäischen Strom- und Gasmarkt integrieren. Der Import von Strom sei ökonomisch vorteilhafter als die Produktion in inländischen Wind- oder Gaskraftwerken.

Die Avenir Suisse bekämpft darum die Energiestrategie des Bundesrates. «Die Politik sollte keine Strategien mit Zielsetzungen hinsichtlich Verbrauchsreduktion oder Zusammensetzung des Energieangebots machen», sagte Avenir-Suisse-Projektleiter Urs Meister Ende 2012 gegenüber dem Axpo-Newsletter «Energiedialog», und er bekräftigte: «Eine autarke Stromversorgung wäre nicht nur unsicher, sondern auch ausserordentlich teuer.» Der Wirtschafts-Dachverband Economiesuisse und die Industrieverbände Swissmem (Maschinen) und Sciencesindustries (Pharma) schliessen sich dieser Argumentation weitgehend an. Die Energiestrategie des Bundesrates lehnen sie darum ebenfalls ab.

Die gleiche Position, aber schwammiger, vertritt das Energieforum Schweiz, das sowohl die Interessen aller Energieverkäufer als auch jene der Energie verbrauchenden Wirtschaft bündelt: «Das Energieforum wird sich dafür einsetzen, dass die künftigen energiepolitischen Leitplanken technologieoffen und möglichst marktnah gestaltet werden», schrieb Geschäftsführer Jürg E. Bartlome zur Energiestrategie des Bundesrates. Und an anderer Stelle forderte Bartlome: «Die Energiewende eines jeden Staates muss im internationalen Rahmen gedacht werden. Die Energiestrategie wird also zwingend der Wirtschaftlichkeit der Energieversorgung und Marktaspekten mehr Gewicht geben müssen.»

Gespalten und flatterhaft ist die Haltung der Elektrizitätswirtschaft: Bevor Bundesrat und Parlament den Bau von neuen Atomkraftwerken im Inland verboten, pochte die Schweizer Stromlobby auf nationale Souveränität und malte die drohende «Stromlücke» rabenschwarz an die Wand. Mit neuen grösseren Atomkraftwerken, die sie an den bisherigen Standorten Mühleberg, Beznau und Gösgen planten, wollten die Elektrizitätsunternehmen das – von ihnen prognostizierte – Wachstum des Stromkonsums vorwiegend mit inländischer Produktion decken. Ihre Bewilligungsbegehren für neue AKW, die sie 2008 beim Bund einreichten, haben sie bis heute nicht zurückgezogen.

Gleichzeitig investieren die Schweizer Stromkonzerne Milliarden von Franken in neue Pumpspeicher-Kraftwerke; mit dem Axpo-Projekt «Linthal 2015» und dem Alpiq / SBB-Projekt «Nant de Drance» sind zwei Projekte im Bau. Weitere Projekte treiben die Berner BKW an der Grimsel und die Bündner Repower am Berninapass voran. Damit verfolgen sie das Ziel, noch mehr billigen Bandstrom aus Atom-, Kohle- und Windkraftwerken noch kurzfristiger zu teurem Spitzenstrom zu veredeln und auf dem europäischen Markt zu verkaufen. Seit der inländische Atomzug gestoppt worden ist, nehmen die Schweizer Stromkonzerne ebenfalls einen Überschuss an Importstrom in Kauf; das zeigen auch ihre im 2. Kapitel beschriebenen Stromszenarien. Sie wünschen deshalb den baldigen Abschluss eines für sie vorteilhaften bilateralen Stromabkommens mit der EU, um einen noch besseren Zugang zum europäischen Strommarkt zu erlangen.

Eine zumindest teilweise internationale Arbeitsteilung streben auch einige Umweltschützer an. Sie bekämpfen zwar Kohle- und Gaskraftwerke im In- und Ausland, sind aber ausländischen Grossprojekten, die erneuerbare Energie nutzen, freundlich gesinnt. Darum plädieren sie dafür, Windstrom in der Nordsee oder Solarstrom in der Sahara (Projekt «Desertec») zu produzieren und in die Schweiz zu leiten. Diesen erneuerbaren Importstrom wollen sie ebenfalls in alpinen Pumpspeicher-Kraftwerken in Spitzenstrom umwandeln und damit einen standortgerechten Beitrag zur nationalen und europäischen Stromversorgung leisten. Bei diesen grünen Internationalisten handelt es sich allerdings um eine Minderheit. Denn die Mehrheit der in der «Umweltallianz» vereinten Umweltverbände fordert bis 2035 eine «hundert Prozent einheimische und erneuerbare» Stromversorgung.

Der Markt ist verfälscht

Die Forderung der Wirtschaftsverbände, die Stromversorgung dem internationalen Markt zu überlassen, wäre gut. Doch sie hat einen Haken: Der Strommarkt, soweit er überhaupt funktioniert, ist ebenso verfälscht wie der Energiemarkt insgesamt. Denn die globale Energieversorgung im Allgemeinen und die Stromversorgung im Speziellen stützen sich auf die Plünderung von nicht erneuerbaren Rohstoffen.

Konkret: Vier Fünftel des Stroms in Europa werden heute immer noch in Kohle-, Atom-, Gas- und Ölkraftwerken erzeugt. Indes: Die Vorräte an Kohle, Uran, Erdgas und Erdöl wachsen nicht nach und werden irgendwann knapp.

Diese langfristige Verknappung von nicht erneuerbarem Naturkapital müsste zu stetig steigenden Preisen führen. Doch das ist nicht der Fall. Denn die schrumpfenden Vorräte an Kohle, Erdöl und Erdgas haben keinen Preis; einzig die Förderkosten fliessen in die Strompreise ein. Und die wachsende Menge an CO_2, die das Klima für die nächste Generation aufheizt, wird zum Nulltarif in der Atmosphäre deponiert. Verursachergerechte Abgaben auf Energie, CO_2 oder nuklearen Abfällen, welche dieses knapper werdende Naturkapital samt Kosten der Umweltbelastung voll ins marktwirtschaftliche Preissystem integrieren könnten, blieben in der Theorie oder in kleinen Abgabesätzen stecken. Das gilt sowohl global als auch national. Grund: Wirtschaft und Stromwirtschaft haben solche Abgaben stets erfolgreich bekämpft.

Die heutigen Marktpreise für Elektrizität orientieren sich also nicht am langfristigen Schwund der Vorräte, sondern lediglich an den kurzfristigen Kosten, die anfallen, um die Primärenergie an die Oberfläche zu befördern und in Kraftwerken in Elektrizität umzuwandeln. Zusätzlich sorgen periodische und geografische Schwankungen von Angebot und Nachfrage sowie Spekulation für kurzfristige Preisschwankungen.

Stetige Fortschritte in der Fördertechnik beschleunigen die Plünderung von nicht erneuerbaren Vorräten zusätzlich. Beispiel: Das umweltbelastende Fracking (Aufbrechen von Gesteinen), das vor allem die USA anwenden, führt seit 2010 in den USA zu einem Überangebot an Erdgas und bringt auch zusätzliches Erdöl auf den Markt. Als Folge davon sind die Gaspreise in den USA eingebrochen. Darum verstromen die USA mittlerweile mehr Erdgas als Kohle und können so ihre nationale CO_2-Bilanz etwas verbessern. Gleichzeitig exportieren sie ihre überschüssige Kohle nach Europa und verbilligen damit die Produktion von Kohlestrom. Diese Entwicklung hemmt Investitionen zum Stromsparen ebenso wie den Umstieg auf erneuerbare Energie.

Die subventionierte Energie

Selbst die kurzfristigen Förderkosten werden von den Verursachern nur teilweise bezahlt. So subventionieren viele Staaten den Abbau und Verbrauch von Kohle, Erdöl und Erdgas. Die Internationale Energieagentur (IEA) beziffert diese Energiesubventionen weltweit auf jährlich 650 Milliarden Dollar. Auch der Atomstrom profitiert von Subventionen. Denn die Betreiber haften nur für einen Bruchteil der Schäden, die grosse Unfälle wie jene in Tschernobyl oder Fukushima nach sich ziehen; die übrigen nuklearen Risiken werden auf die Allgemeinheit abgewälzt. Und den Atommüll überlassen wir den nachfolgenden Generationen.

Müssten die Konsumenten die wahren Kosten bezahlen, die ihr Verbrauch von nicht erneuerbarer Energie verursacht, so würden sie ihren Öl-, Gas- und Stromkonsum drosseln. Also einen Teil ihrer Energiesklaven entlassen. Zudem wäre der Umstieg auf erneuerbare Energie in vielen Fällen längst rentabel. Doch

Regierungen und Parlamente schafften es nicht, Kostenwahrheit bei den nicht nachwachsenden Energieträgern durchzusetzen. Das kurzfristige Interesse, die Wirtschaft mit billiger Energie zu schmieren, hatte Vorrang.

Statt Kostenwahrheit herzustellen, begannen westliche Industriestaaten, die Nutzung von erneuerbaren Energien ebenfalls zu subventionieren. Ein Mittel dazu ist die Kostendeckende Einspeisevergütung (KEV), die Deutschland erfunden, und die neben weiteren europäischen Staaten mittlerweile auch die Schweiz eingeführt hat.

Bei der KEV belastet der Staat den Strom, der aus nicht erneuerbarer Energie und konventioneller Wasserkraft erzeugt wird, mit einer Förderabgabe. Der Ertrag daraus wird verwendet, um die Produktion und Einspeisung von Strom aus neuen Wind-, Biomasse-, Solar- und kleinen Wasserkraftwerken kostendeckend zu vergüten, also quer zu subventionieren. Das Resultat ist absurd: Mit Abgaben auf subventioniertem Kohle- oder Atomstrom subventionieren die Staaten Wind- und Solarstrom, um damit subventionierten Kohle- und Atomstrom zu ersetzen. Diese Rundum-Subventionierung sorgt dafür, dass Strom weiterhin zu billig bleibt – und darum verschwendet wird.

Tiefe Preise im Visier

Wenn Wirtschafts- und Industrieverbände heute lauthals «mehr Markt» in der Stromversorgung fordern, so geht es ihnen in Tat und Wahrheit einzig darum, von möglichst tiefen Strompreisen profitieren zu können. Das belegt ein Blick zurück in die 1990er-Jahre. Damals forderten Ökonomen, welche die natürlichen Monopole der leitungsgebundenen Energieträger aus ideologischen Gründen schleifen wollten, die Liberalisierung der Stromversorgung in Europa. Denn Elektrizität gab es Ende der rezessiven 1990er-Jahre ebenfalls im Überfluss. Deshalb war die Elektrizität im begrenzten Grosshandel, den die grossen europäischen Stromkonzerne schon seit Jahrzehnten untereinander betrieben, damals deutlich billiger als in den Versorgungsmonopolen. Von diesem billigen Strom wollten auch die energieintensiven Industrie- und Gewerbebetriebe profitieren. Darum unterstützten sie die Öffnung des Schweizer Strommarktes für Endverbraucher.

Wie die meisten Märkte unterliegt auch der Strommarkt dem sogenannten Schweinezyklus: Ist der Preis hoch, dann investieren die Produzenten in die Ausweitung der Produktion. Daraus entstehen nach einiger Zeit Überkapazitäten. Das zu hohe Angebot lässt die Preise sinken. Die gesunkenen Preise fördern die Nachfrage, aber hemmen die Lust auf weitere Investitionen. Das führt zu einer Verknappung, sei es von Schweinefleisch oder von Strom. Damit steigen die Preise wieder. Die Produzenten investieren, erhöhen das Angebot, und die nächste Runde in diesem Zyklus beginnt.

Als die Schweiz 2008 mit zehnjähriger Verspätung der EU folgte und beschloss, ihren Strommarkt für Grossverbraucher zu öffnen, boomte die Wirtschaft, und die Preise auf dem europäischen Strommarkt erreichten Rekordhöhen. Aus diesem Grund brachte die Marktöffnung nicht den erhofften billigen Strom. Die Schweizer Unternehmen, die zuvor vehement den Markt gefordert hatten, zogen es darum vor, im Monopol zu bleiben. Denn wer im Monopol blieb, den schützte der Bundesrat in seiner Verordnung zum Strommarkt-Gesetz mit Strompreisen, die den Gestehungskosten entsprechen müssen. Und diese Gestehungskosten waren in der Schweiz zu Beginn der Marktöffnung tiefer als die europäischen Marktpreise. Das groteske Resultat dieser falschen Regulierung: Die Schweiz öffnete 2009 den Strommarkt für Grossverbraucher, doch niemand nahm daran teil.

Erst seit 2010, als die anhaltende Rezession in Europa eine neue Stromflut erzeugte und die Marktpreise wieder einbrechen liess, erlebt die Euphorie für den Strommarkt in der Schweiz ihre Renaissance. Beispiel: Die Wirtschaftsverbände – von der Economiesuisse bis zu Swissmem – fordern jetzt einhellig eine «rasche Öffnung des Schweizer Strommarktes» und dessen enge Anbindung an den europäischen Energiemarkt. Eine Erhöhung der – bislang marginalen – CO_2-Abgabe und der Abgabe für die KEV lehnen die Sachwalter der Wirtschaft hingegen ebenso vehement ab wie eine Energie-Lenkungsabgabe (mehr darüber in den nächsten Kapiteln).

Politik muss regulieren

Das Bisherige zusammengefasst: Ein Markt ist gut, wenn Kostenwahrheit herrscht. Beim real existierenden Energiemarkt und beim Strommarkt im Speziellen ist das nicht der Fall: Die Preise für Energie sind zu tief, weil sie die langfristige Verknappung der geplünderten Primärenergieträger vernachlässigen, und weil Energie darüber hinaus massiv subventioniert wird. Diese direkte und indirekte Subventionierung verfälscht den Energie- und den Strommarkt. Darum sind Investitionen zum Energie- und Stromsparen weniger rentabel als Investitionen in zusätzliche Produktion oder zusätzliche energiefressende Produkte. Das alles fördert die Verschwendung.

Aus diesen Gründen ist es Aufgabe der Politik, den Markt zu regulieren und dessen Fehler zu korrigieren. Das gilt insbesondere bei existenziell zentralen Produkten, wie es die Elektrizität darstellt. Denn ohne Strom läuft nichts – keine Eisenbahn, keine Ölheizung, keine Wasserversorgung, kein Computer. Ohne Elektrizität herrscht Finsternis. Zudem lässt sich Elektrizität weniger gut lagern als etwa Erdöl oder Nahrungsmittel.

In der Energieversorgung muss die Politik darum Vorrang haben gegenüber einem globalen Markt, der verfälscht ist und sich nur bedingt regeln lässt. Das ist nicht nur ein Wunsch, sondern in der Schweiz eine Verpflichtung. Davon zeugt unter anderem der Energieartikel in der Bundesverfassung, der in den ersten drei Absätzen wörtlich vorschreibt:

- «Bund und Kantone setzen sich im Rahmen ihrer Zuständigkeiten ein für eine ausreichende, breit gefächerte, sichere, wirtschaftliche und umweltverträgliche Energieversorgung sowie für einen sparsamen und rationellen Energieverbrauch.
- Der Bund legt Grundsätze fest über die Nutzung einheimischer und erneuerbarer Energien und über den sparsamen und rationellen Energieverbrauch.
- Der Bund erlässt Vorschriften über den Energieverbrauch von Anlagen, Fahrzeugen und Geräten. Er fördert die Entwicklung von Energietechniken, insbesondere in den Bereichen des Energiesparens und der erneuerbaren Energien.»

Autarkie stärkt die Politik

Diese und weitere politische Ansprüche können leichter umgesetzt werden, wenn die Energie- und Stromversorgung möglichst autark funktioniert. Oder umgekehrt: Je globaler ein Markt ist, desto schwerer lässt sich dieser mit der – nationalstaatlich verfassten – Politik beeinflussen. Denn auf den meisten globalen Märkten haben multinationale Unternehmen mehr Einfluss als demokratisch regierte Nationalstaaten.

Das illustrieren Beispiele: Regierung und Parlament können die Bedingungen für den Bau und Betrieb von einheimischen Wasserkraftwerken autonom festlegen, aber die Kosten-Unwahrheit in deutschen Kohle- oder französischen Atomkraftwerken nicht korrigieren. Der Bundesrat kann den Energieverbrauch von inländischen Gebäuden und Geräten begrenzen, nicht aber die Umweltbelastung, welche die Herstellung von in die Schweiz importierten Energieträgern oder andern Importprodukten global verursacht.

Eine Energieversorgung, die vermehrt auf einheimischen Ressourcen basiert, bringt auch wirtschaftliche Vorteile. So strebt die Energiestrategie des Bundesrates eine Steigerung der Energieeffizienz an. Das erhöht die wirtschaftliche Wertschöpfung im Inland, etwa jene des einheimischen Bau- und Installationsgewerbes oder der Cleantech-Branche. Gleichzeitig fliesst weniger Geld für Energieimporte ins Ausland.

Weniger Energieverlust

Ausserdem verursacht eine dezentrale Stromversorgung weniger energetische Verluste. Wenn zum Beispiel Fotovoltaik-Anlagen an sonnigen Tagen Elektrizität erzeugen und ins lokale Stromnetz einspeisen, so gibt es bis zu den Steckdosen der benachbarten Kochherde oder Computer kurze Wege und wenig Energieverlust; das gilt allerdings nur so lange, als die installierte Leistung von Fotovoltaik die nachgefragte Leistung auf der eingespeisten Netzebene nicht überschreitet (siehe Exkurs auf Seite 114: «Solarstrom optimieren statt maximieren»). Das Gleiche gilt für die die Produktion von Strom in dezentralen Wärme-Kraft-Kopplungs-Anlagen, die den Mangel an Solarstrom im Winter ausgleichen können.

Anders verhält es sich bei ausländischem Atom- oder Kohlestrom, der in Schweizer Pumpspeicher-Kraftwerken zu Spitzenstrom veredelt und danach wieder exportiert wird: Annähernd zwei Drittel Energieverlust entstehen hier bereits bei der Umwandlung von Uran oder Kohle zu Elektrizität. Beim Raufpumpen und Turbinieren des Wassers in den Pumpspeicher-Werken bleiben weitere zwanzig Prozent der Elektrizität auf der Strecke. Berücksichtigt man obendrein die Transport- und Transformationsverluste, die auf dem langen Weg vom Atom- über das Pumpspeicher-Kraftwerk bis zum Endverbraucher auf allen Netzebenen entstehen, dann kommt nur noch etwa ein Fünftel der einstigen Primärenergie bei den Stromverbrauchern an.

Gewiss, der Wirkungsgrad von dezentralen Fotovoltaik-Anlagen, die Sonnenenergie in Elektrizität umwandeln, ist ebenfalls gering. Doch Sonnenenergie ist im Überfluss vorhanden und erneuerbar (mehr darüber im Exkurs auf Seite 68: «Kraftwerke und ihre Funktionen im Vergleich»).

Die optimale Mischung

Ich plädiere hier nicht für eine hundertprozentig erneuerbare, ausschliesslich dezentrale oder regional autarke Energieversorgung. Denn natürliche Ressourcen sind ungleich verteilt. Auch für die Stromproduktion gibt es besser und schlechter geeignete Gebiete. Windparks an schwach besiedelten Küsten sind sinnvoll, in geschützten Landschaften hingegen fatal und in Ballungsgebieten kaum möglich. Solarpanels bringen an Südlagen mehr Ertrag als an schattigen Nordhängen, in den Alpen mehr als im nebligen Mittelland. Fossile Kraftwerke werden, soweit es sie noch braucht, mit Vorteil dort platziert, wo Kohle oder Gas gefördert werden, usw.

Zwischen zentraler und dezentraler Produktion, zwischen Arbeitsteilung und Autarkie gilt es ein Optimum zu finden. Das setzt in erster Linie mehr Kostenwahrheit voraus: Die Ausbeutung von nicht erneuerbarer Energie muss gebremst und langfristig gestoppt werden. Als Mittel dazu dienen Abgaben, welche die nicht gedeckten Kosten des Naturverbrauchs, der Unfallrisiken und der Umweltbelastung auf die Marktpreise überwälzen (mehr dazu im 6. Kapitel).

Die Anrechnung der wahren Kosten wird die Gewichte im Energiemarkt wie folgt verschieben: Weg von der Produktionssteigerung, hin zur Verbrauchsminderung. Weg von zentraler Stromproduktion in Grosskraftwerken, die vorwiegend auf nicht erneuerbarer Energie fusst. Hin zu kleineren dezentralen Kraftwerken, die mehrheitlich erneuerbare Energie nutzen. Weg vom Ausbau der grossen Stromstrassen, hin zur Optimierung von Mittel- und Niederspannungsnetzen. Wird Kostenwahrheit durchgesetzt, so liegt das Optimum künftig wieder näher bei der autarken als bei einer arbeitsteiligen Stromversorgung.

Die Produktion und der weiträumige Austausch von Strom und andern Energieträgern lassen sich damit vermindern, aber sie sollen nicht verhindert werden. Das bestehende weiträumig zusammenhängende Stromnetz, an dem viele, flexibel einsetzbare Kraftwerke hängen, bleibt sinnvoller Teil einer sicheren Stromversorgung. Denn in einem grossen Netz lassen sich örtliche und zeitliche Schwankungen zwischen Angebot und Nachfrage besser und effizienter ausgleichen.

Stromspeicher wie die alpinen Stauseen sind bereits vorhanden und können weiterhin gebraucht werden, um einen täglichen, wöchentlichen und saisonalen Ausgleich im internationalen Stromverbund zu gewährleisten. Windkraftwerke zum Beispiel erzeugen mehr Strom im Winter. Solaranlagen produzieren mehr Elektrizität im Sommerhalbjahr und nichts in der Nacht. Thermische Kraftwerke, die bevorzugt mit Biomasse, Bio- oder Erdgas betrieben werden, bleiben auch bei weitgehend erneuerbarer Stromversorgung notwendig, doch ihre Betriebszeit wird schrumpfen. Denn sie dienen primär als Ergänzung, um die Stromversorgung bei Windflauten, trüben Tagen oder während Trockenzeiten zu sichern. Lokale Batterien und intelligente Verteilnetze (neudeutsch: «Smart Grids»), die Geräte und Anlagen je nach Stromangebot an- oder ausschalten, können zentrale Speicher ergänzen und teilweise ersetzen.

An Mitteln für eine «ausreichende, breit gefächerte, sichere, wirtschaftliche, umweltverträgliche, sparsame, effiziente und optimale Energieversorgung» (Art. 89 der Bundesverfassung) fehlt es nicht. Es braucht jetzt nur noch eine kohärente Politik, um diese Grundsätze um- und die notwendigen Mittel einzusetzen.

Das Wichtigste zusammengefasst

Heute produziert die Schweiz im Inland nahezu gleich viel Strom, wie sie verbraucht. Diese mengenmässige Autarkie strebt der Bundesrat in seiner Energiestrategie weiterhin an. Die Avenir Suisse hingegen und einige andere Organisationen plädieren dafür, die Stromversorgung dem globalen Markt und der internationalen Arbeitsteilung zu überlassen. Gegen diese Position sprechen zwei wesentliche Argumente. Erstens: Der globale Energiemarkt ist verfälscht, weil er auf der Plünderung von nicht nachwachsenden Rohstoffen basiert und die Umweltrisiken auf die Allgemeinheit abwälzt. Zweitens: Die Bundesverfassung verpflichtet die Schweiz, eine aktive Energiepolitik zu betreiben, die nicht nur eine wirtschaftliche, sondern auch eine umweltverträgliche Energieversorgung und einen rationellen Energieverbrauch bewirkt. Diese politische Regulierung hat Vorrang gegenüber einem verzerrten Markt. Sie bringt eine Verschiebung, weg von der zentralen, hin zu einer vermehrt dezentralen Stromversorgung.

Exkurs: Kraftwerke und ihre Funktionen im Vergleich

Kraftwerke, auch Elektrizitätswerke genannt, dienen dazu, nicht direkt nutzbare Primärenergie in Elektrizität umzuwandeln. Elektrizität ist ein hochwertiger, vielseitig einsetzbarer End-Energieträger. Dabei gibt es verschiedene Arten von Kraftwerken mit unterschiedlichen Techniken: Die Kalten nutzen kinetische Primärenergie, insbesondere Wind- und Wasserkraft. Die Heissen verbrennen Kohle, Erdöl, Erdgas, Kehricht oder nachwachsende Biomasse und machen mit der Wärme Dampf. Die ganz Heissen spalten die Atomkerne von Uran und erzeugen ebenfalls Dampf. Die Lauwarmen nutzen die Wärme oder das Licht der Sonne.

Bei den meisten Kraftwerken treibt die Primärenergie Turbinen an, sei es direkt durch die Kraft von Wind oder den Druck des Wassers, sei es indirekt in Form von Dampf. Die Turbinen wiederum lassen Generatoren rotieren. Und diese wandeln die mechanische Bewegung in Elektrizität um. Generatoren sind damit das Gegenstück von Elektromotoren, die Elektrizität in Bewegung zurückverwandeln. Bei der Fotovoltaik wird Sonnenlicht direkt, also ohne Dampf und rotierende Teile, in Elektrizität umgewandelt.

Vorzüge und Nachteile

Jede Art von Kraftwerk verursacht Kosten und hat mehr oder weniger grosse Nachteile: Die einen belasten die Natur, indem sie Rohstoffe ausbeuten und schwer entsorgbare Abfälle (CO_2, Atommüll) hinterlassen; dazu gehören Kohle-, Gas-, Öl- und Atomkraftwerke. Andere graben der Natur Wasser ab (Wasserkraftwerke), beanspruchen viel Fläche (Solarkraftwerke) oder beeinträchtigen die Landschaft (Windkraftwerke). Atom-, Wasser-, Wind- und Solarkraftwerke erfordern hohe Investitionen und verursachen damit primär Fixkosten. Bei Kohle-, Öl- und Gaskraftwerken fallen die Brennstoff- und damit die variablen Kosten stärker ins Gewicht. Bei allen Formen von Stromproduktion wird – wie in diesem Buch mehrmals dargelegt – ein mehr oder weniger grosser Teil der Kosten nicht verursachergerecht den Verbrauchern verrechnet, sondern auf die Allgemeinheit abgewälzt. Das geschieht mit direkten oder indirekten Subventionen.

Die Vorteile der Kraftwerke unterscheiden sich ebenfalls: Der Wert eines Kraftwerkes bemisst sich unter anderem am Wirkungsgrad, also daran, wie viel oder wenig der eingesetzten Primärenergie im Kraftwerk verloren geht. Wasserkraftwerke wandeln über 80 Prozent der Kraft des zugeführten Wassers in Elektrizität um, sie sind also besonders produktiv. Moderne Kohlenkraftwerke bringen es auf einen Wirkungsgrad von 45 Prozent, Atomkraftwerke auf nur 35 Prozent; bei diesen Typen verpufft also mehr als die Hälfte der Primärenergie als Abwärme. Gaskombi-Kraftwerke erreichen – dank den hintereinander geschalteten Gas- und Dampfturbinen – einen Wirkungsgrad von knapp 60 Prozent. Wird bei Gasturbinen-Kraftwerken die Abwärme zu Heizwecken mitgenutzt, so handelt es sich um sogenannte Wärme-Kraft-Kopplungs-Anlagen (WKK); deren Wirkungsgrad beträgt 90 bis 100 Prozent. Bei Windkraftwerken sind es etwa 50 Prozent, bei Fotovoltaik-Anlagen durchschnittlich 15 Prozent.

Von Bandstrom und Mittellast

Ebenso wichtig ist die Betriebszeit: Wasser-Laufkraftwerke können während allen 8760 Stunden pro Jahr Strom erzeugen. Wenn wenig Wasser zufliesst, wird aber nur ein Teil der installierten Leistung von Laufkraftwerken genutzt. Atom- oder Kohlekraftwerke produzieren meist mit voller Leistung (Volllast); nach Abzug von Jahresrevision, Betriebsstörungen und Perioden mit gedrosseltem Betrieb resultieren in der Praxis bis zu 8000 Volllast-Stunden pro Jahr. Lauf-, Atom- und Kohlekraftwerke sorgen damit für das Basisangebot in der Elektrizitätsversorgung, in der Fachsprache: Es sind Grundlast-Kraftwerke, die Bandenergie respektive Bandstrom produzieren.

Gaskombi-Kraftwerke können theoretisch ebenfalls rund um die Uhr mit voller Kraft Elektrizität produzieren. Da Erdgas teurer ist als Wasser-, Kohle- und Atomkraft, werden Gaskraftwerke nachts und an Wochenenden abgestellt oder gedrosselt, wenn die Nachfrage gering ist und die Marktpreise tief sind. Ein typisches Gaskombi-Kraftwerk leistet damit jährlich 4000 bis 6000 Volllast-Stunden und produziert sogenannte «Mittellast». Ähnlich verhält es sich in der Regel mit Biomasse-Kraftwerken. Wobei es bei allen genannten Regeln Ausnahmen oder Abweichungen gibt. Beispiel: Wenn Überkapazitäten herrschen, oder wenn Wind- und Solarkraftwerke mit ihren tiefen variablen Kosten temporär viel Strom erzeugen, werden Gaskraftwerke als

Erstes gedrosselt. Damit sinkt ihre jährliche Produktion, die von ihnen erzeugte CO_2-Fracht, aber auch ihre Rentabilität.

Windkraftwerke können an Standorten mit viel Wind (an Küsten oder im Meer) während 2000 bis 4000 Stunden pro Jahr Strom erzeugen. Windturbinen in der weniger windigen Schweiz bringen es hingegen nur auf 1500 bis 1800 Volllaststunden. Fotovoltaik-Anlagen produzieren in gemässigten Zonen während durchschnittlich 1000 Volllaststunden, in sonnigen alpinen Lagen oder in Mittelmeerländern deutlich mehr.

Die von Wind- und Sonne abhängigen Kraftwerke erzeugen sogenannte flukturierende oder stochastische Energie, das heisst: Ihre Produktion schwankt stetig und lässt sich schwer einplanen. Für diese stochastisch produzierenden Kraftwerke braucht es darum zusätzliche Speicherkapazitäten sowie flexibel zuschaltbare Ersatzkraftwerke. In Europa erzeugen Windkraftwerke tendenziell einen höheren Anteil ihres Stroms im Winterhalbjahr, wenn die Nachfrage höher ist. Solarstrom-Anlagen hingegen produzieren im Sommer, wenn die Sonne höher steht und die Tage länger sind, mehr Elektrizität als im Winter, und: Sie produzieren ausschliesslich tagsüber, mehr bei Sonnenschein als bei bewölktem Himmel und am meisten in sonnigen Mittagsstunden. An sonnigen Tagen ähnelt ihr Produktionsmuster mit solarer Mittagspitze dem Profil des Matterhorns. Die Herausforderung in der nationalen Planung von Fotovoltaik-Anlagen besteht darin, die spitzige Produktionskurve zu einer Breithorn- oder Tödi-Silhouette zu weiten, etwa durch vermehrte West-Ost-Ausrichtung der Panels.

Speicher und Pumpspeicher

Bleiben die Speicherkraftwerke. Das sind heute primär Wasserkraftwerke mit Anschluss an einen Stausee. Diese können Strom produzieren, bis der Stausee leer ist. Ihre Betriebszeit hängt damit nicht nur vom Zufluss des Wassers ab, sondern auch vom Volumen des Stausees und der installierten Kraftwerkleistung. Dabei gilt folgende Regel: Je kleiner ein Stausee ist und je höher die Leistung des darunter liegenden Kraftwerks, desto schneller ist das gestaute Wasser verstromt und desto kürzer wird die Betriebszeit des Speicherwerks. Kleine Stauseen dienen in erster Linie dem wöchentlichen oder täglichen Ausgleich der schwankenden Stromnachfrage.

Grosse Stauseen hingegen lassen sich auch als Saisonspeicher nutzen. Sie stauen das im Sommerhalbjahr zufliessende Wasser und lagern es als Vorrat für den Winter, wenn weniger Wasser fliesst und der Strombedarf höher ist. Speicherkraftwerke haben also den grossen Vorteil, dass sie flexibel dann produzieren können, wenn die Nachfrage nach Strom und mithin die Marktpreise hoch sind. Speicherwerke produzieren damit in erster Linie Strom für Verbrauchsspitzen, also Spitzenstrom.

Die Produktionsmenge von reinen Lauf- und Speicherkraftwerken hängt davon ab, wie viel Wasser natürlich zufliesst. Dieser Zufluss lässt sich nun künstlich vergrössern, nämlich mit Pumpen. Damit wird aus dem Speicher ein Pumpspeicher-Kraftwerk, und dieses funktioniert wie folgt: Nachts oder an Feiertagen, wenn die Nachfrage nach Strom gering ist, nutzen die Betreiber einen Teil des billigen Bandstroms aus Atom-, Kohle- oder Windkraftwerken, um Wasser vom Ausgleichsbecken beim unten liegenden Kraftwerk zu den oben liegenden Stauseen hinaufzupumpen. Wenn tagsüber die Nachfrage gross ist, lassen sie das hinaufgepumpte Wasser wieder auf die Turbinen des Kraftwerks herunterrauschen und produzieren Spitzenstrom.

Dieses Veredelungsgeschäft ist mit einem mengenmässigen Verlust verbunden, weil das Hochpumpen 20 bis 30 Prozent mehr Strom frisst, als beim Turbinieren produziert wird. Dieser mengenmässige Verlust lässt sich finanziell ausgleichen oder in einen Gewinn verwandeln, wenn der Marktpreis für den produzierten Spitzenstrom mindestens 30 Prozent höher ist als der verpumpte Bandstrom. Speicher- und Pumpspeicher-Kraftwerke rentieren am besten, wenn die Stromnachfrage gross ist. Das war in den Jahren 2004 bis 2008 der Fall. Seit Beginn der Wirtschaftskrise im Jahr 2009 gibt es in Europa – trotz partiellem Atomausstieg in Deutschland – wachsende Überkapazitäten in der Stromproduktion. Das drückt nicht nur auf das allgemeine Niveau der Marktpreise, sondern verminderte auch die Preisdifferenz zwischen Band- und Spitzenstrom. Zudem führt die pyramidenartige Produktionskurve von Fotovoltaik-Anlagen dazu, dass während sonnigen Mittagsstunden trotz grosser Nachfrage ein temporärer Überschuss entsteht. Das alles schmälert den Profit der Speicherkraftwerke in den Alpen und mithin die Gewinne der Stromproduzenten in der Schweiz und in Österreich.

Der Mix ist wichtig

Kraftwerke stehen zum Teil in Konkurrenz zueinander. Atomkraftwerke etwa konkurrenzieren Kohlekraftwerke. Solarkraftwerke verschieben zuweilen die Betriebszeit von Speicherkraftwerken. Mehrheitlich aber ergänzen sich die verschieden Kraftwerke, zum Beispiel: Gaskraftwerke und WKK-Anlagen, die mit Vorteil im Winter produzieren, ergänzen Flusskraftwerke, bei denen im Sommer mehr Wasser auf die Turbinen fliesst. Oder: Pumpspeicher-Kraftwerke können die unregelmässige Produktion von Windkraftwerken ausgleichen. Wichtig ist ein optimaler Mix zwischen Grund-, Mittel- und Spitzenlast-Werken.

4. Die Strategie
Wie der Bundesrat die Schweizer Energiepolitik ändern will

Die Energiestrategie des Bundesrats besteht aus Zielen und aus Mitteln. Sowohl die neuen Ziele als auch die neuen Mittel will die Regierung gesetzlich vorschreiben. Dazu müssen mehrere bestehende Gesetze verändert werden. Die Ziele gelten in der Regel für die Jahre 2035 und 2050, und sie orientieren sich am Szenario «Neue Energiepolitik» (siehe 2. Kapitel). Mit den Mitteln, die der Bundesrat in einer ersten Etappe bis zum Jahr 2020 beantragt, lassen sich diese Energieziele aber nur etwa zur Hälfte erreichen (siehe Szenario «Politische Massnahmen» im 2. Kapitel). Darum stellt der Bundesrat in einer nächsten Etappe nach dem Jahr 2020 zusätzliche Massnahmen oder eine Verschärfung der bisherigen Massnahmen in Aussicht.

Der Weg, formell betrachtet

Die Revision der einzelnen Gesetze bündelt die Landesregierung in einer umfangreichen Vorlage namens «Energiestrategie 2050». Darin beantragt sie die Änderung und Ergänzung von mehreren bestehenden Gesetzen – vom Energie- über das CO_2- und Kernenergiegesetz bis hin zu Steuergesetzen. Diese Vernehmlassungs-Vorlage im Umfang von rund vierzig Seiten, begleitet von einem 140 Seiten langen «Erläuternden Bericht», hat der Bundesrat am 28. September 2012 beschlossen und den Kantonen, Parteien und Verbänden unterbreitet. Diese konnten bis Ende Januar 2013 Stellung dazu nehmen. Über 400 Vernehmlassungen sind bis Anfang Februar beim Bundesamt für Energie eingetroffen.

Die eingereichten Stellungnahmen im Umfang von sieben Tausend Seiten wertet die Bundesverwaltung zurzeit aus – und ist noch an der Arbeit, wenn dieses Buch erscheint. Je nach Inhalt und Gewicht der einzelnen Vernehmlassungen kann der Bundesrat seine Strategie mehr oder weniger stark ändern. Seine endgültige Vorlage wird er voraussichtlich im Herbst 2013 beschliessen und als Botschaft respektive Gesetzes-Entwurf ans Parlament weiterleiten.

Die Beratungen und Beschlüsse, die National- und Ständerat zu dieser Vorlage des Bundesrates fällen, dürften mindestens zwei Jahre beanspruchen. Die daraus resultierenden Gesetzesänderungen unterstehen danach dem fakultativen Referendum. Kommt das Referendum gegen die Vorlage als Ganzes oder gegen Teile davon zustande, dann entscheidet in letzter Instanz das Volk. Ein oder mehrere Referenden sind zu erwarten, zum Beispiel gegen das vom Bundesrat beantragte Verbot von neuen Atomkraftwerken.

Die heute vorliegende Energiestrategie erfordert also die Zustimmung von Regierung, Parlament und Volk, bevor sie in Kraft tritt. Und sie kann an jeder Hürde scheitern. So lehnen viele Wirtschaftsverbände, dirigiert von der Economiesuisse, jede energiepolitische Wende ab. Auf der andern Seite fordern linke und grüne Parteien zusammen mit den Umweltverbänden eine griffigere Energiepolitik und stärkere Förderung von erneuerbarer Energie. Die Auseinandersetzung über die bundesrätliche Strategie wird die Schweizer Energiepolitik in den nächsten Jahren prägen und bestimmen. So viel zum Formellen.

Die Atomkatastrophe als Auslöser

Den Inhalt dieser umfangreichen Gesetzesvorlage fasse ich auf den folgenden Seiten zusammen. Auslöser war die Atomkatastrophe am 11. März 2011 in Fukushima. Ein Erdbeben im Pazifischen Ozean verursachte damals einen Tsunami. Dieser verwüstete mit Windstürmen und Überschwemmungen die Region rund um die japanische Stadt Fukushima. Tausende von Menschen starben. Die Naturkatastrophe führte zu einer Unfallserie in den sechs an der Küste gelegenen Atomreaktoren von Fukushima Daiichi. In drei Reaktorblöcken schmolzen die Atomkerne. Radioaktives Material wurde freigesetzt und verstrahlte ein Gebiet, das grösser ist als der Kanton Aargau. Weite Teile dieser Region werden während Jahrzehnten unbewohnbar bleiben.

Der grösste anzunehmende Unfall (GAU) in Fukushima, der zweite nach der Atomkatastrophe von 1986 in Tschernobyl (Ukraine), erschütterte den Glauben an die Sicherheit der Atomkraft weit über Japan hinaus. Deutschlands Regierung etwa beschloss den schnellen Ausstieg aus der Atomenergie und liess mehrere Atomreaktoren bereits abschalten. Auch die Schweizer Regierung reagierte schnell, allerdings weniger radikal. Am 25. Mai 2012 beschloss der Bundesrat, den Bau von neuen Atomkraftwerken zu verbieten.

Der Ausstieg erfolgt in Raten

Noch im gleichen Jahr unterstützte die Mehrheit des Parlamentes diesen Entscheid. National- und Ständerat einigten sich im Dezember 2012 auf folgende Formulierung: «Es dürfen keine Rahmenbewilligungen zum Bau neuer Kernkraftwerke erteilt werden.» Dieses Neubauverbot übernimmt der Bundesrat jetzt in seiner Vernehmlassungs-Vorlage zur Energiestrategie 2050; dies mit folgendem neuen Satz im bestehenden Kernenergiegesetz (KEG): «Rahmenbewilligungen für die Erstellung von Kernkraftwerken dürfen nicht erteilt werden.» Darüber muss das Parlament wie erwähnt nochmals entscheiden.

Offen bleibt die Zukunft der fünf bestehenden Schweizer AKW. Nach bisherigem KEG dürfen diese unbefristet weiterbetrieben werden, solange laut Einschätzung der Aufsichtsbehörde Ensi die gesetzlich vorgeschriebenen Sicherheitsanforderungen erfüllt sind. Bundesrat und Parlamentsmehrheit wollen diese Bestimmung nicht ändern. Die Laufzeit von fünfzig Jahren, mit der die Energieperspektiven rechnen, stellt lediglich eine planerische Vorgabe dar. Eine Verlängerung des Atomzeitalters ist also möglich. Die Axpo zum Beispiel strebt eine längere Laufzeit an als die geplanten fünfzig Jahre; das bestätigte Axpo-Chef Heinz Karrer mehrmals. Das ist relevant, weil die Axpo mit ihren beiden Atomreaktoren in Beznau und ihrer Mehrheitsbeteiligung am KKW Leibstadt der grösste Schweizer Produzent von Atomstrom ist.

Eine verbindliche Laufzeit-Begrenzung für die alten Schweizer AKW, nämlich auf 45 Jahre, fordert hingegen die Ausstiegs-Initiative der Grünen Partei. Diese wurde im November 2012 eingereicht. Falls das Volk dieser Initiative zustimmt, müssten die ältesten AKW in Mühleberg und Beznau schon zwischen 2014 und 2016 abgeschaltet werden, das KKW Gösgen 2024. Das jüngste, das KKW Leibstadt, ginge 2029 vom Netz und würde dann das Schweizer Atomzeitalter ausläuten.

Beim vielzitierten «Atomausstieg» der Schweiz handelt es sich also um einen Ausstieg in – noch unbekannten – Etappen.

Vom Stromblick zur Energiesicht

Atomstrom deckt heute annähernd vierzig Prozent des Schweizer Elektrizitätskonsums. Ihn zu ersetzen oder einzusparen, erscheint damit als grosse Herausforderung. Doch Elektrizität partizipiert nur mit einem Viertel am nationalen Energieverbrauch. Es geht also darum, zehn Prozent der in der Schweiz verbrauchten Endenergie einzusparen oder anders zu produzieren. Das zeigt: Erweitert man den isolierten Stromblick zur breiten Energiesicht, so schrumpft der herausfordernde Atomausstieg zur lösbaren Aufgabe.

Die Strategie des Bundesrates liefert diese ganzheitliche Sicht. Dabei geht es der Regierung nicht nur darum, die Risiken der Atomenergie langfristig abzubauen. Gleichzeitig soll die Schweiz auch ihre Abhängigkeit von importierter fossiler Energie und ihren Ausstoss an klimawirksamen Gasen vermindern. So schreibt der Bundesrat im Erläuternden Bericht: «Aufgrund der weltweiten grossen Energienachfrage dürfte es strategisch wichtig sein, die grosse Importabhängigkeit der Schweiz bei der Energieversorgung zu reduzieren und den Anteil einheimischer Produktion nebst Effizienzanstrengungen zu erhöhen.»

Die Ziele der Strategie

Die Strategie des Bundesrates fusst im Wesentlichen auf zwei Pfeilern: Einerseits soll die Effizienz des Energieeinsatzes erhöht werden, damit Wirtschaft und Bevölkerung pro Energiedienst weniger Energiesklaven einsetzen müssen. Andererseits will der Bundesrat den verbleibenden Energiebedarf vermehrt mit erneuerbaren Energieträgern decken, also die Ernährung der verbleibenden Energiesklaven ändern. Dieses Bestreben präzisiert er mit konkreten Zielen, die er in seinem Revisionsentwurf zum Energiegesetz wie folgt vorschreibt:

- **Energieziele** Beim gesamten Energieverbrauch im Inland ist «eine Senkung anzustreben», nämlich: «bis zum Jahr 2035 um 35 Prozent, bis zum Jahr 2050 um 50 Prozent». Diese Reduktionsziele gelten «pro Person und pro Jahr gegenüber dem Stand im Jahr 2000». Im Vergleich zum Jahr 2010, das in diesem Buch einheitlich als Ausgangsjahr gewählt wird, müsste der Energiekonsum bis 2050 pro Person ebenfalls halbiert werden. Gesamthaft fällt der Rückgang etwas kleiner aus, weil der Bundesrat in seiner Strategie mit einem weiteren Wachstum der Bevölkerung rechnet (siehe Grafik auf Seite 40: «Energieverbrauch jetzt und in Zukunft»).

- **Stromziel** Beim Elektrizitätsverbrauch allein «ist ab dem Jahr 2020 eine Stabilisierung anzustreben». Diese Formulierung in der Vernehmlassungs-Vorlage lässt offen, ob diese Stabilisierung insgesamt oder ebenfalls pro Kopf gilt. Im endgültigen Gesetzesentwurf werden Bundesrat und Parlament diesen Passus wohl präziser formulieren. Das Szenario «Neue Energiepolitik» des Bundesamtes für Energie (BFE) rechnet bis 2050 mit einem leichten Rückgang des gesamten Stromverbrauchs (siehe Grafik auf Seite 44: «Wie die Stromlücke gestopft wird»).

Neuer Produktionsmix

Im revidierten Energiegesetz strebt der Bundesrat nicht nur eine Stabilisierung des Stromverbrauchs an. Er legt auch fest, wie dieser Strom nach dem Wegfall der Atomenergie künftig produziert werden soll.

- **Ziel Wasserkraft** «Bei der Produktion von Elektrizität aus Wasserkraft ist ein Ausbau anzustreben, mit dem die durchschnittliche inländische Jahreserzeugung im Jahr 2050 bei mindestens 38,6 Milliarden Kilowattstunden (kWh) liegt.» Gegenüber der heutigen Stromerzeugung aus Wasserkraft entspricht das einer Zunahme um knapp zehn Prozent.

Bei diesem gesetzlichen Wasserkraft-Ziel klammert der Bundesrat jenen Teil der Produktion aus, der in Pumpspeicher-Kraftwerken aus dem hinaufgepumpten Wasser erzeugt wird. Rechnet man diese Produktion aus dem Pumpspeicherbetrieb hinzu, so steigt laut Erläuterndem Bericht die Stromproduktion aus allen Schweizer Wasserkraftwerken bis 2050 auf 44 Milliarden kWh. Gleichzeitig resultiert aber ein zusätzlicher Elektrizitätsverbrauch von knapp sieben Milliarden kWh für den Betrieb der Speicherpumpen, der im angestrebten Strom-Verbrauchsziel ebenfalls nicht enthalten ist. Mit dem bereits begonnenen Ausbau der Pumpspeicherung verbraucht die Schweiz also mehr Pumpstrom, als sie mit dem Pumpbetrieb in Form von Spitzenstrom produziert.

- **Ziel Erneuerbare** «Bei der Produktion von Elektrizität aus erneuerbarer Energie (ausgenommen Wasserkraft) ist ein Ausbau anzustreben, mit dem die durchschnittliche inländische Produktion im Jahr 2050 bei mindestens 24,22 Milliarden kWh liegt.» Dieses etwas holprig formulierte gesetzliche Ziel wird im Erläuternden Bericht wie folgt präzisiert: Von den 24,22 Milliarden kWh

Stromproduktion aus neuer erneuerbarer Energie im Jahr 2050 sollen 11,12 Milliarden kWh auf Fotovoltaik, 4,26 Milliarden auf Windkraft und 4,29 Milliarden kWh auf Geothermie entfallen, der Rest vor allem auf Biomasse.

- **Mehr WKK-Anlagen** Weiter strebt der Bundesrat an, die installierte Leistung von fossil betriebenen Wärmekraftkopplungs-Anlagen (WKK) bis 2050 auf tausend Megawatt respektive eine Million Kilowatt zu steigern. Bei einer Laufzeit von 3000 Jahresstunden ergäbe das im Winter eine zusätzliche Stromproduktion von 3,0 Milliarden kWh. Allerdings will der Bundesrat nur grosse WKK-Anlagen mit einer Feuerungswärmeleistung ab 350 Kilowatt Leistung unterstützen. WKK-Anlagen in energieeffizienten Häusern oder Siedlungen mit weniger als dreissig Wohneinheiten werden damit von der Förderung weitgehend ausgeschlossen.

Wasserkraft exklusive Pumpspeicherung, übrige erneuerbare Energie und WKK-Anlagen zusammen erzeugen im Jahr 2050 also rund 66 Milliarden kWh Strom. Damit liesse sich der heutige und künftige Netto-Stromverbrauch im Jahresmittel zwar decken. Doch Strom aus Solar- und Windenergie wird mit unvorhersehbaren Schwankungen und mehrheitlich im Sommerhalbjahr produziert. Zudem geht bei der notwendigen Speicherung ein Teil des produzierten Stroms verloren. Aus diesen Gründen bleibt die Schweiz auch 2050 vom grenzüberschreitenden Stromaustausch oder von zusätzlicher fossiler Stromproduktion im Inland abhängig.

Umsetzung bis 2050 – ohne Gewähr

Die «anzustrebenden» Verbrauchs- und Produktionsziele basieren auf den Energieperspektiven, Szenario «Neue Energiepolitik», die das Kapitel 2 dieses Buches zusammenfasst. Diese Ziele, so beantragt der Bundesrat in seiner Vorlage, sollen im revidierten Energiegesetz (EnG) verankert werden. Allerdings besteht keine Gewähr, dass die präzis formulierten Ziele im Jahr 2050 Wirklichkeit werden.

Das gilt insbesondere für die Produktionsziele. Denn die Energieversorgung und mithin die Produktion und Verteilung von Elektrizität, so hält Artikel 7 weiterhin fest, «ist Sache der Energiewirtschaft.» Bundesrat oder Parlament können also keine Kraftwerke bauen, sondern per Gesetz nur Anreize zum Bau von Kraftwerken oder zur vermehrten Nutzung von erneuerbarer Energie schaffen. Dem

Bund geht es damit wie dem Bauern beim Tränken der Pferde: Er kann Wasserkübel hinstellen, aber saufen müssen die Gäule selber.

Es gibt auch niemanden, der verantwortlich gemacht werden kann, wenn die Schweiz ihre präzisen Verbrauchs- und Produktionsziele verfehlen sollte. Denn im Jahr 2050 sind die Mitglieder von Bundesrat und Parlament, welche die Gesetzesrevisionen im Rahmen der Energiestrategie 2050 beantragen und allenfalls beschliessen werden, mehrheitlich pensioniert. Oder sie liegen bereits unter dem Boden.

Neue Politik in Etappen

Wichtiger und verbindlicher als die Ziele sind die Mittel, mit denen die Schweiz die langfristigen Ziele ansteuert. Dabei unterscheidet die Regierung zwischen der Energiepolitik vor und jener nach dem Jahr 2020. Im Zeitraum bis 2020 setzt der Bundesrat vor allem auf die Verschärfung seiner bisherigen Politik. Diese besteht vorwiegend aus Geboten, Verboten, Zielvereinbarungen, Förderabgaben und Subventionen. Einen Teil der Massnahmen delegiert der Bund an die Kantone. Dazu gehören insbesondere die Energievorschriften für neue Gebäude und Gebäudesanierungen.

In einer zweiten Etappe ab 2021 sollen diese staatlichen Vorschriften, Fördermassnahmen und Subventionen ergänzt und teilweise abgelöst werden durch marktkonforme Instrumente. Diese dienen dazu, die vernachlässigten Kosten des Naturverbrauchs in den Markt zu integrieren. Im Zentrum steht hier eine Lenkungsabgabe auf allen Energieträgern, die später zu einer ökologischen Steuerreform erweitert werden kann. Dazu ist eine Änderung der Bundesverfassung nötig. Der Bundesrat hat das Finanzdepartement beauftragt, einen «Anhörungsbericht» für diese Steuerreform auszuarbeiten.

Die Lenkungsabgabe oder ökologische Steuerreform ist in der jetzigen Vorlage also nicht enthalten. Das heisst: Die aktuelle Vorlage zur Energiestrategie 2050 enthält Ziele fürs Jahr 2050, aber nur jene Mittel, die der Bundesrat bis zum Jahr 2020 plant. Nachfolgend nun die Kernpunkte dieser Vorschriften gemäss Vernehmlassungs-Vorlage:

Grenzwerte für Stromfresser

Schon das bestehende Energiegesetz schreibt vor, dass der Bundesrat den Energieverbrauch von Geräten und Anlagen begrenzen muss. Diese Grenzwerte kann er weiterhin in Verordnungen festlegen. Im revidierten Energiegesetz werden diese Verbrauchsvorschriften neu auf alle serienmässig produzierten Geräte und Anlagen ausgeweitet. Dabei muss sich der Bundesrat künftig an den «besten verfügbaren Technologien», aber weiterhin auch «an der Wirtschaftlichkeit» orientieren sowie «internationale Normen berücksichtigen».

Diese gesetzliche Formulierung belässt dem Bundesrat weiterhin einen grossen Ermessensspielraum. In der Praxis bedeutet das wohl: Die Schweiz wird ihre Verbrauchsnormen ausdehnen und in der Regel im Gleichschritt mit der EU verschärfen. Dabei betreffen alle Verbrauchsvorschriften nur die neu in Verkehr gesetzten Geräte und Anlagen. Der spezifische Stromverbrauch aller Geräte sinkt darum erst nach einer Übergangszeit, die je nach Geräte- oder Anlagekategorie und Gebrauchsdauer zwischen fünf und dreissig Jahren schwanken kann.

Effizienzzwang für Stromverkäufer

Stromunternehmen trachten – wie alle Verkäufer – danach, ihren Absatz zu steigern. Die meisten von ihnen fördern den Stromkonsum obendrein mit Mengenrabatt und belohnen Elektroheizer mit Niedertarifen. Das widerspricht dem Ziel, die Elektrizität effizient und sparsam einzusetzen. Diese Stromverschwendung will der Bundesrat mit einer Ergänzung des Energiegesetzes eindämmen. Demnach werden Elektrizitätslieferanten verpflichtet, die Effizienz des Stromeinsatzes zu steigern; dies jährlich um bis zu zwei Prozent.

Das präzise Ziel legt der Bund für die einzelnen Stromlieferanten individuell fest. Diese können die Vorgabe durch Massnamen im eigenen Betrieb oder bei ihrer Kundschaft erreichen. Zum Beispiel, indem sie mit Beratung oder Subventionen dafür sorgen, dass ihre Kunden ineffiziente vorzeitig durch effizientere Geräte ersetzen. Oder indem sie Gewerbe- und Industriefirmen zeigen, wie sie Anlagen, die temporär nicht arbeiten und ohne Arbeit Strom fressen, besser steuern und damit produktiver einsetzen können. Dabei zählen nur zusätzliche Massnahmen. Nicht anrechenbar sind also jene Massnahmen, die der Bund vorschreibt oder die Stromkonsumenten ohnehin tätigen würden.

Die geforderte Steigerung der Stromeffizienz müssen die Stromverteiler nachweisen, indem sie dem Bund die entsprechende Menge an «Weissen Zertifikaten» abgeben. Diese Zertifikate erhalten sie, wenn sie bei ihren Kundinnen und Kunden die entsprechenden Sparmassnahmen und die Einsparung belegen. Die Effizienz-Zertifikate sind handelbar nach dem Prinzip: Wer die Stromeffizienz stärker erhöht als verlangt, kann Zertifikate verkaufen an jene, welche die geforderten Effizienzsteigerungen nicht erreichen. Wer weder die Zielvorgaben erreicht noch genügend Zertifikate kaufen kann, muss dem Bund pro nicht gesparte Kilowattstunde Strom fünf Rappen Strafgebühr bezahlen. Mit den daraus resultierenden Einnahmen soll der Bund weitere Massnahmen zur Steigerung der Energieeffizienz finanzieren.

Die Stromwirtschaft lehnt diese neue Regulierung ab. Sie sei «bürokratisch» und «marktwidrig», kritisiert der Verband Schweizer Elektrizitätsunternehmen (VSE). Der Stromkonzern Axpo ergänzt: «Mit diesem regulativen Instrument würde man sich von der beabsichtigten Marktliberalisierung weiter entfernen.»

Dieses Argument wird durch die Praxis im Ausland widerlegt. So haben die EU-Staaten Grossbritannien, Frankreich, Italien und Dänemark das vom Bundesrat beantragte System mit Energieeffizienz-Zertifikaten verwirklicht, obwohl der Strommarkt in der EU stärker liberalisiert ist als in der Schweiz.

Ein anderes System, das nicht nur die Stromeffizienz erhöht, sondern den Stromabsatz generell begrenzt, ist das sogenannte «Decoupling». Dieses System hat der US-Staat Kalifornien schon vor dreissig Jahren eingeführt. Resultat: Kalifornien konnte, so schrieb der Journalist Urs. P. Gasche auf der Informationsplattform «infosperber», seinen Stromverbrauch pro Person trotz Wirtschaftswachstum auf dem Stand von 1978 stabilisieren.

Weniger Sprit für Autos

Indirekt begrenzt wird der fossile Energieverbrauch der neu in Verkehr gesetzten Fahrzeuge. Schon das heute gültige CO_2-Gesetz vermindert den zulässigen CO_2-Ausstoss von neuen Personenautos ab Ende 2015 auf 130 Gramm pro Kilometer; dies analog zur EU. Pro hundert Kilometer Fahrt entspricht das einem zulässigen Verbrauch von 5,6 Liter Benzin oder 5,0 Liter Diesel. Dabei handelt es sich allerdings um Durchschnittswerte; grosse Autos dürfen mehr, kleine weniger CO_2

ausstossen. Und einige Luxusautos, die in kleinen Serien hergestellt werden, können weiterhin unbegrenzte Mengen an Sprit verbrennen.

Der bundesrätliche Entwurf zur Änderung des CO_2-Gesetzes senkt den mittleren CO_2-Grenzwert für neue Personenwagen weiter, nämlich ab Ende 2020 auf noch 95 Gramm CO_2/km. Das wären umgerechnet 4,1 Liter Benzin/100 km. Die Annahme, dass vermehrt Elektroautos produziert und importiert werden, die direkt kein CO_2 ausstossen, macht diesen tieferen Durchschnittswert langfristig möglich. Zusätzlich will die Schweiz die CO_2-Emissionen von Lieferwagen und leichten Sattelschleppern ebenfalls begrenzen, nämlich auf 175 Gramm ab Ende 2017 und auf 147 Gramm ab Ende 2020. Bei diesen zusätzlichen und verschärften CO_2-Normen folgt die Schweiz ebenfalls den Vorschriften der EU.

Gebäudenormen bleiben kantonal

Ein beträchtlicher Teil des Energieverbrauchs entfällt hierzulande auf Gebäude. Allein Heizung und Warmwasser-Aufbereitung in allen Wohn-, Gewerbe- und Bürobauten verschlingen rund einen Drittel der Endenergie. Bei Altbauten ist und bleibt dieser Energieverbrauch weitgehend Sache der Eigentümer. Den Energiebedarf von Neubauten begrenzen die einzelnen Kantone mit mehr oder weniger strengen Vorschriften. Und das soll auch im revidierten Energiegesetz so bleiben.

Im Energie- sowie im CO_2-Gesetz schreibt der Bund den Kantonen lediglich vor, «Vorschriften zu erlassen». Diese Vorschriften sollen eine «sparsame und rationelle Energienutzung» fördern, «Verbrauchsstandards» unterstützen, den «zulässigen Anteil nicht erneuerbarer Energien zur Deckung des Wärmebedarfs» sowie «die Neuinstallation und den Ersatz von Elektroheizungen regeln», usw. Doch den Inhalt dieser Vorschriften und die Definition der Baustandards überlässt der Bundesrat weiterhin den Kantonen.

Innerhalb der Kantone gibt es die kantonale Energiedirektoren-Konferenz. Diese erstellt seit rund zwanzig Jahren «Mustervorschriften der Kantone im Energiebereich», abgekürzt «MuKEn». Die neuste Version dieser MuKEn aus dem Jahr 2008 begrenzt den Verbrauch von Energie für Heizung und Warmwasser in Neubauten auf umgerechnet sechs Liter Heizöl pro Quadratmeter Geschossfläche und Jahr. Von diesen sechs Litern müssen zwanzig Prozent aus erneuerbaren Energieträgern wie etwa Holz, Solar- oder Umgebungswärme stammen. Bezogen auf nicht erneuerbare Energie ergibt das – populär ausgedrückt – ein 4,8-Liter-Haus. Zusätzlich begrenzen die MuKEn den Energiekonsum von Altbauten auf umgerechnet 9,0 Liter Heizöl, sofern diese bestehenden Gebäude «umfassend saniert» werden. Ausserdem regeln die MuKEn auch Details, indem sie zum Beispiel seit 2008 ein Verbot von neuen Elektro-Widerstandsheizungen postulieren. Denn Elektroheizungen verbrauchen für die gleiche Wärmeleistung zwei bis vier Mal so viel Strom wie Elektro-Wärmepumpen.

Die kantonalen Mustervorschriften näherten sich damit dem privaten Minergie-Standard an, der den spezifischen Wärmeenergie-Verbrauch pro Quadratmeter ebenfalls mit einer Energiekennzahl begrenzt. Im Vergleich zum Baustandard der 1960er-Jahre bringt das 4,8-Liter-Haus eine Steigerung der Energieeffizienz um den Faktor vier. Auf dem Papier ist das ein beeindruckender Fortschritt. Doch trotz Faktor vier für Neubauten ist der gesamte Energieverbrauch der Gebäude in der Schweiz gegenüber dem Stand von 1970 nur mässig gesunken; dem starken Rückgang beim Heizöl steht eine Zunahme von Erdgas und Elektrowärme gegenüber. Und er wird – trotz angekündigter weiterer Verschärfung der MuKEn ab 2014 – auch in Zukunft nur langsam abnehmen. Dafür gibt es im Wesentlichen vier Ursachen:

- Die MuKEn sind nicht obligatorisch. Mehrere Kantone passen ihre Vorschriften über den zulässigen Energieverbrauch von Neubauten nur teilweise und meist erst mit Verzögerung den kantonalen Mustervorschriften an. Das rührt auch daher, dass betroffene Lobbys die auf kantonalen Gesetzen beruhenden Vorschriften per Referendum bekämpfen können. Beispiel: Das Freiburger Stimmvolk stimmte 2012 einem Referendum zu und lehnte damit das Elektroheizungs-Verbot im kantonalen Energiegesetz ab.

- Bei der Begrenzung des zulässigen Energieverbrauchs pro Quadratmeter Wohnfläche handelt es sich um einen technischen Wert. Je tiefer der technisch mögliche Energieverbrauch ist, desto stärker wirkt sich verschwenderisches Verhalten der Benutzer aus, sei es, weil sie eine zu hohe Raumtemperatur wählen oder unkontrolliert lüften. In der Praxis, so zeigen Heizkosten-Abrechnungen, ist der Energieverbrauch meist höher als die technisch errechnete Energiekennzahl.

- Die wachsende Menge an Gebäuden hebt einen Teil der Effizienzsteigerung pro Quadratmeter wieder auf.

- Die MuKEn erfassen nur den Energieverbrauch von Neubauten und «umfassend sanierten» Altbauten. Die Sanierung von Altbauten aber überlässt der Staat dem Willen oder Unwillen der Eigentümer. Beim bisherigen Sanierungstempo dauert es rund hundert Jahre, bis alle bestehenden Bauten energetisch umfassend saniert sein werden.

CO_2-Abgabe auf Brennstoffen

Schon das alte CO_2-Gesetz aus dem Jahr 1999 sah vor, den CO_2-Ausstoss aus fossiler Energie mit einer Abgabe zu belasten. Diese Abgabe in der maximal zulässigen Höhe von 210 Franken pro Tonne CO_2 durfte aber erst eingeführt werden, wenn absehbar wurde, dass alle andern Massnahmen nicht ausreichen, um die Emission dieses klimawirksamen Gases im Zeitraum 2008 bis 2012 um zehn Prozent unter das Niveau im Jahr 1990 zu senken. Diese Voraussetzung erfüllte sich schon kurz nach der Jahrtausendwende. Doch der Bundesrat zauderte.

Nach langem politischem Seilziehen führte die Schweiz 2008 endlich eine CO_2-Abgabe ein, aber nur auf Brennstoffen. Der stark wachsende Treibstoffverbrauch blieb verschont. Die Brennstoff-Abgabe belastete eine Tonne CO_2 anfänglich mit 12 Franken (also mit fünf Prozent des maximal möglichen Ansatzes). Das reichte nicht, um den CO_2-Ausstoss zielkonform zu vermindern. Seither ist die Abgabe auf 36 Franken pro Tonne CO_2 erhöht worden. Pro Liter Heizöl entspricht das einer Belastung von rund neun Rappen. Unternehmen, die sich mittels Zielvereinbarungen verpflichten, ihre CO_2-Emissionen zu begrenzen, werden von dieser bescheidenen Abgabe verschont.

Trotz Brennstoff-Abgabe und weiteren Massnahmen hat die Schweiz ihr CO_2-Reduktionsziel von zehn Prozent im Zeitraum 2008 bis 2012 verfehlt, ebenso die Verpflichtung des Klimaprotokolls von Kyoto. Dieses Versäumnis musste sie mit Beiträgen an Projekte zur CO_2-Reduktion im Ausland und in der Dritten Welt kompensieren. Finanziert wurde dieser moderne Ablasshandel mit einem Klimarappen auf Treibstoffen. So viel zur Vergangenheit.

Mit dem neuen CO_2-Gesetz aus dem Jahr 2011 verpflichtet sich die Schweiz, den Ausstoss aller wirksamen Klimagase bis zum Jahr 2020 um zwanzig Prozent unter das Niveau von 1990 zu senken, dies innerhalb der eigenen Landesgrenzen. Als Mittel dazu dienen unter anderem die in diesem Kapitel erwähnten CO_2-Grenzwerte für neu in Verkehr gesetzte Autos, Subventionen für energetische

Gebäudesanierungen sowie die Weiterführung der CO_2-Abgabe auf Brennstoffen. Diese Abgabe kann der Bundesrat, sofern er will, auf maximal 120 Franken pro Tonne CO_2 erhöhen, also weniger stark als gemäss altem CO_2-Gesetz (maximal 210 Franken).

Mit der neuerlichen Revision des CO_2-Gesetzes, die der Bundesrat im Rahmen seiner Energiestrategie beantragt, soll die Brennstoffabgabe nun *verbindlich* erhöht werden, nämlich entweder auf 60 oder 90 Franken pro Tonne CO_2. Das entspricht einer Abgabe von 16 bis 24 Rappen pro Liter Heizöl oder von 12 bis 18 Rappen für zehn kWh Erdgas.

Subventionen für Sanierungen

Ursprünglich wurde die CO_2-Abgabe als reine Lenkungsabgabe konzipiert, welche die Staatseinnahmen nicht erhöhen darf. Deren gesamter Ertrag sollte darum an die Bevölkerung pro Kopf und an die Wirtschaft pro Arbeitsplatz zurückverteilt werden; dies geschieht heute zum Teil über eine winzige Reduktion der Krankenkassen-Prämien. Doch dieses Prinzip hat der Bundesrat durchlöchert. Konkret: Ein Teil des Abgabe-Ertrags wird schon heute abgezweigt und genutzt, um «Massnahmen zur langfristigen Verminderung der CO_2-Emissionen bei Gebäuden» zu fördern respektive zu finanzieren. Dabei handelt es sich primär um Beiträge an energetische Gebäudesanierungen, die mit der Reduktion des fossilen Energieverbrauchs automatisch auch den Ausstoss von CO_2 vermindern. Weitere Beiträge unterstützen den Umstieg von fossiler auf erneuerbare Energie oder die Förderung von Technologien, welche die Emissionen von Kohlendioxid vermindern.

Mit der nochmaligen Revision des CO_2-Gesetzes soll dieser Förderbeitrag nun wie folgt erhöht werden: Auf höchstens 300 Millionen Franken pro Jahr, falls die Brennstoff-Abgabe auf 60 Franken pro Tonne CO_2 heraufgesetzt wird. Auf maximal 450 Millionen Franken, falls Bundesrat und Parlament eine Erhöhung der Abgabe auf 90 Franken pro Tonne CO_2 beschliessen.

Nicht alles Geld aus der nationalen CO_2-Abgabe fliesst direkt zu den Hauseigentümern, die ihre Gebäude energetisch sanieren und dabei von Subventionen profitieren wollen. Einen Teil des CO_2-Ertrags will der Bundesrat weiterhin in Form von «Globalbeiträgen» an die Kantone ausschütten, sofern diese über eigene Programme zur Reduktion von CO_2-Emissionen verfügen.

Im bestehenden Energiegesetz und im Revisionsentwurf gibt es eine Vielzahl von Artikeln, welche die Verteilung der Förderbeiträge sowie Steuerabzüge für Sanierungen regeln (und die das Fassungsvermögen dieses Buches sprengen). Einige Subventions-Millionen dürften bei Beamten, Beratern, Ausbildnerinnen und Coaches landen, die Sanierungswilligen und Projektverfassern die verschlungenen Wege durch den Sanierungs- und Subventions-Dschungel zeigen – und sie dabei begleiten.

Quersubvention für Naturstrom

Atomstrom, der sich nicht einsparen lässt, soll ersetzt werden; dies wie erwähnt vor allem durch erneuerbare Energie. Weil die rentabel nutzbare Wasserkraft in der Schweiz schon weitgehend verstromt wird, ist ihr zusätzliches Potenzial gering. Als Alternative bleibt die Elektrizitätsproduktion aus Sonne, Wind und Biomasse und kleinen Wasserkraftwerken. Gegenüber der Ausbeutung von Kohle, Erdgas oder Atomkraft ist die Verstromung dieser «neuen erneuerbaren Energie» allerdings nicht konkurrenzfähig. Darum wird dieser Naturstrom in einigen Ländern und seit 2009 auch in der Schweiz staatlich gefördert. Das wichtigste Mittel dazu ist die Kostendeckende Einspeisevergütung, abgekürzt KEV.

Bei der KEV handelt es sich um eine Quersubventionierung: Dazu belastet der Staat die Elektrizität ab Hochspannungsnetz mit einer Abgabe, die in der Schweiz maximal 0,9 Rappen/kWh (Stand 2013) betragen darf. Der Grossteil des Ertrags aus dieser Abgabe soll verwendet werden, um Strom aus Wind-, Solar-, Biomasse- und kleinen Wasserkraftwerken, der ins Stromnetz eingespeist wird, kostendeckend zu vergüten. Diese Quersubvention deckt die Differenz zwischen den Produktionskosten des Naturstroms und dem tieferen Marktpreis. Bisher wird in der Schweiz aber erst wenig KEV-berechtigter Naturstrom produziert, weil der Bau von Wind- und Wasserkraftwerken stockt. Darum erhebt der Staat zurzeit nur die Hälfte der maximal möglichen KEV-Abgabe.

Die heutige KEV entspringt einem politischen Deal aus dem Jahr 2007: Umweltverbände und Linksparteien drohten, sie würden das Gesetz zur Öffnung des Strommarktes für Grossverbraucher mit Referendum bekämpfen, falls das Parlament die KEV ablehne. Die bürgerlichen Parteien, die den Strommarkt begehrten, lenkten ein, aber begrenzten die KEV nach dem Prinzip: Mit möglichst tiefer

Abgabe möglichst viel Ökostrom produzieren. Dazu sollte der am billigsten produzierte Naturstrom am stärksten gefördert werden.

Aus diesem Prinzip resultierte eine komplizierte Regelung, welche die Abgabe zur Finanzierung der KEV begrenzte und den Anteil der einzelnen begünstigten Technologien kontingentierte. Resultat: Die Hälfte der KEV-Summe wurde auf Druck der Bergkantone allein für die vermeintlich billige Stromproduktion aus kleinen Wasserkraftwerken reserviert. Die andere Hälfte stand für Strom aus Geothermie, Biomasse- Wind- und Solarkraftwerken zur Verfügung, wobei der Anteil der KEV-Summe für den relativ teuren Solarstrom anfänglich auf maximal fünf, mittlerweile auf zwanzig Prozent begrenzt wurde.

Die Realisierung von Wind- und Klein-Wasserkraftwerken aber stockte aus Gründen des Gewässer-, Natur- und Landschaftsschutzes und blockierte die Ausschüttung der für sie reservierten KEV-Gelder. Der Grossteil der kaum umstrittenen Fotovoltaik-Projekte hingegen landete auf einer Warteliste, weil das kleine Solarkontingent schnell ausgeschöpft war.

KEV neu ohne Deckel

Auf Druck der Ökostrom-Lobby verlangte das Parlament 2012, die «Deckel» und Teilplafonds der KEV aufzuheben und damit den Ersatz von Atom- durch Naturstrom zu erleichtern. In seiner Energiestrategie erfüllt der Bundesrat diese Forderung halbwegs. Im Entwurf zur Totalrevision des Energiegesetzes beschloss er, die Einspeisevergütung für Naturstrom wie folgt anzupassen:

- Die Abgabe auf Strom wird neu «Netzzuschlag» genannt. Ihre Höhe soll nicht mehr begrenzt, sondern vom Bundesrat «stufenweise und bedarfsgerecht» festgelegt werden.
- Der Ertrag des Netzzuschlags soll weiterhin zur Finanzierung der KEV, aber auch für weitere Subventionen verwendet werden. Dazu gehört unter anderem die Förderung der Stromeffizienz oder die Risikoabsicherung für Investitionen in Geothermie-Anlagen.
- Industrie- und Gewerbebetriebe, die jährlich mehr als eine Million Kilowattstunden Strom verbrauchen, werden von diesem Netzzuschlag befreit. Damit subventioniert der Bundesrat die Industrie und nimmt eine höhere Belastung von Haushalten und Betrieben mit tieferem Strombedarf in Kauf.

- Die Begrenzung der KEV auf einzelne Technologien und damit die Bevorzugung von kleinen Wasserkraftwerken wird aufgehoben. Die Ausnahme bildet die Fotovoltaik.

Solarstrom bleibt begrenzt

Beim Solarstrom will der Bundesrat die Vergütung weiterhin einschränken. Neu bezieht sich dieser Plafond auf einen Richtwert. Demnach soll die kostendeckende Vergütung bis 2020 auf die Einspeisung von maximal 600 Millionen kWh Solarstrom pro Jahr begrenzt werden. Das entspricht einem Anteil von knapp einem Prozent an der gesamten inländischen Stromproduktion.

Gleichzeitig beantragt der Bundesrat, die Vergütung von Strom aus kleinen Solaranlagen (unter zehn Kilowatt Leistung) zu ersetzen durch einen fixen Beitrag an die Anlage. Dieser darf maximal 30 Prozent der Investitionskosten decken. Die Stromproduktion dieser vielen kleinen Fotovoltaik-Anlagen, die heute vor allem auf Dächern von Wohnhäusern installiert werden, ist im Richtwert von 600 Millionen kWh inbegriffen, das heisst: Die fixe Vergütung an kleine Fotovoltaik-Anlagen wird ebenfalls limitiert.

Die Betreiber von Anlagen, die in den Genuss der KEV kommen, müssen heute allen erzeugten Strom ins Netz einspeisen. Neu dürfen Naturstrom-Produzenten den Strom, den sie zur Selbstversorgung benötigen, direkt abzweigen.

Naturstrom vor Naturschutz

Die Produktion von Strom aus neuer erneuerbarer Energie kollidiert in vielen Fällen mit dem Naturschutz. Wasserkraftwerke, auch kleine, graben der Natur viel Wasser ab. Windkraftwerke beeinträchtigen die Landschaft. Grossflächige Solarstrom-Anlagen, die auf Freiflächen platziert werden, konkurrenzieren die Produktion von Nahrungsmitteln oder verdrängen ökologische Ausgleichsflächen. Viele Projekte für Wind- und kleine Wasserkraftwerke lassen sich darum mit den heutigen Gesetzen nicht vereinbaren oder werden durch Einsprachen blockiert.

Diese Schranken will der Bundesrat lockern. Im Entwurf zum revidierten Energiegesetz erklärt er die «Nutzung erneuerbarer Energien und ihr Ausbau zum nationalen Interesse». Im Konfliktfall soll dieses neue nationale Interesse gleich oder höher gewichtet werden als der Schutz der Natur im bestehenden nationalen Natur- und Heimatschutz-Gesetz. Das nationale Interesse soll auch auf Pumpspeicher-Kraftwerke ausgeweitet werden, unabhängig davon, ob diese zum Hochpumpen des Wassers Strom aus erneuerbarer Energie oder aber aus Atom- und Kohlekraftwerken verwenden.

Weiter beauftragt das revidierte Gesetz die Kantone, in ihren Richtplänen Gebiete und Gewässerstrecken festzulegen, die sich für die Nutzung der Wind- und Wasserkraft eignen. Gleichzeitig sollen die Kantone ihre Bewilligungsverfahren für den Bau von Naturstrom-Anlagen beschleunigen. Diese neuen Bestimmungen im Energiegesetz verwässern den Natur-, Landschafts- und Gewässerschutz. Widerstand dagegen haben Naturschutz- und Umweltverbände bereits angekündigt.

Das Wichtigste zusammengefasst

Die Energiestrategie 2050 enthält Verbrauchs- und Produktionsziele bis zum Jahr 2050. In der ersten Etappe bis zum Jahr 2020 beantragt der Bundesrat einen Strauss von Vorschriften, Fördermassnahmen und Subventionen, mit denen sich die angestrebten Ziele etwa zur Hälfte erreichen lassen. Das erfordert eine Totalrevision des Energiegesetzes und Änderungen von weiteren Gesetzen. Diese Änderungen bündelte der Bundesrat in einer umfassenden Vorlage, die er im September 2012 in die Vernehmlassung schickte. Diese Vorlage stiess auf vielfältige Opposition und wird zurzeit bereinigt. Voraussichtlich im Herbst folgt die Vorlage der Regierung ans Parlament. Bei einem fakultativen Referendum entscheidet in letzter Instanz das Volk. In einer zweiten Etappe ab 2021 soll eine ökologische Steuerreform die Vorschriften und Subventionen der ersten Etappe ergänzen und teilweise ersetzen. Auslöser der neuen Strategie ist der Grundsatz-Entscheid von Bundesrat und Parlament, auf den Bau von neuen Atomkraftwerken zu verzichten und den CO_2-Ausstoss zu vermindern.

Exkurs: Wie die Schweiz auf die Atomenergie kam

Elektrizität, die nach den beiden Weltkriegen die Industrialisierung antrieb, war in den meisten Ländern eine schmutzige Sache: Um Strom zu produzieren, wurde primär Kohle, später auch Schweröl eingesetzt. Diese fossilen Kraftwerke pufften nicht nur CO_2, sondern anfänglich auch viel Dreck und Schwefel in die Atmosphäre. Ballungsräume wie etwa das deutsche Ruhrgebiet mutierten zu Russgebieten. Bis heute ist Kohle global die wichtigste Stromquelle geblieben.

Anders verhielt und verhält es sich im Alpenland Schweiz. Niederschläge und grosses Gefälle ermöglichen hier, viel Wasserkraft – «weisse Kohle» – in Elektrizität umzuwandeln. Ingenieure konstruierten kühne Mauern, hinter denen sie neue Seen stauten. Ihr reines Wasser rauscht auf blitzblanke Turbinen, die über Generatoren Strom erzeugen. Noch im Jahr 1968, als die aufrührerische Jugend gegen verknöcherte Strukturen und hochkonjunkturellen Konsumüberfluss revoltierte, reichte die reine Wasserkraft aus, um die ganze Schweiz mit Strom zu versorgen.

Von Wasser- zur Atomkraft

Mitte der 1960er-Jahre waren die grössten Bäche und Flüsse erfasst, die ergiebigsten Quellen der hydrologischen Stromproduktion erschlossen. Die Konjunktur liess den Stromkonsum weiter steigen. Somit stellte sich die Frage, wie die Schweiz ihre Versorgung künftig sichern sollte. Damals stellten Stromwirtschaft und Bundesrat die Weiche, die den Schweizer Strompfad langfristig zementierte: Statt die «reine» Wasserkraft mit Strom aus Kohle-, Öl- oder Gaskraftwerken zu trüben, übersprangen sie diese Technik. Als Alternative boten sie die «friedliche Nutzung der Atomenergie» an, mit der die Schweiz im Versuchsreaktor Lucens schon früher experimentiert hatte, um sich die militärische Option für eigene Atomwaffen offenzuhalten.

Der Einstieg in die Atomenergie verlief ebenso euphorisch wie einst jener in die Wasserkraft. Der Widerstand gegen Atomanlagen war anfänglich gering, die Bewilligungszeit kurz: Von 1969 bis 1972 gingen die drei kleinen Atomkraftwerke Beznau I und II sowie Mühleberg in Betrieb. 1978 folgte das dreimal so grosse KKW Gösgen, 1984 das KKW Leibstadt.

Dem Rausch folgte der Kater

Jedes AKW erhöhte die Schweizer Elektrizitätsproduktion sprunghaft. Um den überschüssigen Atomstrom abzusetzen, kurbelten die Stromunternehmen den Konsum weiter an, indem sie in den Wärmemarkt vordrangen: Die grossen Überlandwerke NOK (heute Axpo), BKW und EOS und ihre kantonalen und kommunalen Verteilwerke förderten Elektroheizungen und Elektroboiler, indem sie die Kunden mit happigen Mengenrabatten für Heizstrom köderten. Mit Erfolg: Von 1969 bis 1989, also innerhalb von nur zwanzig Jahren, verdoppelte die Schweiz ihren Stromverbrauch.

Mehr Atomkraftwerke erhöhten den Stromkonsum. Mehr Konsum rief nach zusätzlicher Produktion. Die Elektrowirtschaft plante ein AKW nach dem andern. Projekte entstanden in Kaiseraugst (AG), Graben (BE), Inwil (LU), Rüthi im St. Galler Rheintal und in Verbois bei Genf. Doch mit dem Boom wuchs der Widerstand: 1975 besetzten AKW-Gegner das Baugelände in Kaiseraugst und stoppten das Projekt. In Graben und andern Landesteilen nahm die Opposition ebenfalls zu. 1986 erschütterte die Katastrophe in Tschernobyl den Glauben an die Sicherheit der Atomenergie. 1988 begruben Regierung und Parlament die AKW-Projekte «Kaiseraugst» und «Graben». 1990 stimmte das Schweizer Volk der «Moratoriums»-Initiative zu, die einen zehnjährigen Baustopp für neue AKW verlangte. Die weitergehende Initiative zum Ausstieg aus der Atomkraft lehnte das Volk indes ab. Hier obsiegte die Angst vor Stromentzug.

Die Spirale drehte weiter

«Leibstadt» blieb das letzte Atomkraftwerk, das die Stromwirtschaft im Inland realisierte. Ihre Expansion setzte die Stromwirtschaft vorerst im Ausland fort: Im nuklearfreundlichen Frankreich erwarben Schweizer Stromgesellschaften AKW-Beteiligungen im Umfang von heute rund 3000 Megawatt. Damit machten sie den Verzicht auf die Projekte in Graben und Kaiseraugst mehr als wett.

Die Rezession in den 1990er-Jahren bremste vorübergehend den Zuwachs des Konsums. Auf der andern Seite erhöhten zusätzliche Kraftwerk-Kapazitäten in Frankreich sowie Leistungserhöhungen in den AKW Leibstadt und Mühleberg das Angebot. Folge: Überfluss prägte von 1990 bis 2000 den sich öffnenden Strommarkt in ganz Europa.

Die damalige Stromflut hätte es der Schweiz erleichtert, die Abhängigkeit vom Atomstrom schrittweise abzubauen. Grüne Ökonomen empfahlen Lenkungsabgaben, um den Stromverbrauch mittels Effizienzsteigerung zu verringern und die erneuerbare Stromproduktion zu fördern. Doch die Einführung von Lenkungsabgaben auf Energie sowie strenge Verbrauchsnormen für Elektrogeräte scheiterten am Widerstand von Wirtschaft und bürgerlichen Parteien. Stattdessen kurbelte der Staat die Wirtschaft wieder an. Die Elektrizitätsbranche förderte zusätzliche Stromanwendungen, um ihre Überkapazitäten auszulasten, und die Industrie forcierte den Absatz von Elektrogeräten.

Die Wachstumsstrategie wirkte: Ab 2000 nahm der Stromkonsum wieder stärker zu. Das Pensionsalter der alten Schweizer AKW rückte näher – trotz Laufzeitverlängerung auf 50 bis 60 Jahre. Stromunternehmen und Bundesämter entwarfen Szenarien, die spätestens ab 2020 eine wachsende Lücke in der Stromversorgung prophezeiten. Mit dem Begriff «Stromlücke» rückte die Stromwirtschaft den Bau von neuen Atommeilern wieder ins Zentrum der Energiedebatte, nachdem das Schweizer Volk 2003 eine Verlängerung des seit 1990 gültigen Atom-Moratoriums abgelehnt hatte. 2008 reichten die Stromkonzerne Axpo, BKW und Alpiq Gesuche zum Bau von neuen Atomkraftwerken in Beznau, Mühleberg und Gösgen ein.

Atomkraft birgt vielerlei Risiken

Das Erdbeben im März 2011 in Japan und die Kernschmelze in den Atomreaktoren bei Fukushima erschütterten den Glauben an die Sicherheit der Atomenergie erneut: Bundesrat und Parlament beschlossen noch im gleichen Jahr, auf die Bewilligung von neuen Atomkraftwerken zu verzichten. Die Mehrheit innerhalb der Stromwirtschaft erkannte ebenfalls, dass sich Atomkraftwerke in der Schweiz in absehbarer Zeit nicht realisieren lassen. So rechnen die Stromkonzerne Axpo, Alpiq und BKW in ihrer neusten Planung nicht mehr mit neuen Atommeilern.

Dieser Rückzug erfolgt mit gutem Grund. Denn Atomkraftwerke bedrohen uns nicht nur mit ihrer Radioaktivität. Sie beinhalten auch politische und ökonomische Langzeit-Risiken: Politisch war schon vor dem Atomunfall in Fukushima absehbar, dass das Bewilligungsverfahren und der Bau eines neuen Schweizer Atomkraftwerks mindestens 15 Jahre dauern wird. In dieser langen Zeit kann viel geschehen: Ein Referendum und ein Volks-Nein würden ein langjähriges Bewilligungsverfahren abrupt beenden. Selbst eine Zustimmung des Volkes böte keine Gewähr. So kann ein Atomunfall wie jener in Tschernobyl die Stimmung jederzeit wenden und einen Baustopp nach sich ziehen.

Lange Planungs-, Amortisations- und Laufzeiten stehen auch quer zur real existierenden Wirtschaft und Finanzbranche, die auf schnelle Renditen drängt und ihre Erfolge im Quartals-Rhythmus misst. Selbst wenn die staatlichen Stromkonzerne ihre Kraftwerke mehrheitlich aus eigenen Mitteln finanzieren könnten, bliebe ein wirtschaftliches Risiko. Denn die Laufzeit und Amortisationsfrist von neuen Atomkraftwerken bewegt sich zwischen vier und sechs Jahrzehnten. Im Zeitraum bis zum Ende dieses Jahrhunderts aber können Wirtschaftskrisen oder neue Technologien alle Budgets für neue Atomkraftwerke zur Makulatur machen und nicht amortisierbare Investitionen von mehreren Milliarden Franken nach sich ziehen.

Fazit: Technisch mögen neue Atomkraftwerke sicherer sein als die bestehenden. Politisch und wirtschaftlich aber erweisen sie sich als Luftschlösser.

5. Die Kritik
Stärken und Schwächen der Energiestrategie 2050

«Es ist eine grosse Kiste», sagte Energieministerin Doris Leuthard, als sie die Energiestrategie 2050 des Bundesrates vorstellte. Fürwahr! Schon die erste Vorlage, mit der diese Strategie umgesetzt werden soll, umfasst annähernd 200 A4-Seiten. Leuthards Departement hat diese Unterlagen am 28. September 2012 in die Vernehmlassung geschickt, nämlich an: alle Kantone und Halbkantone, alle kantonale Energiefachstellen, alle im nationalen Parlament vertretenen Parteien sowie rund 150 Verbände und Kommissionen, die sich in irgendeiner Form mit Energie, Wirtschaft, Konsum und Umweltschutz beschäftigen.

Weitere Verbände und Privatpersonen beteiligten sich ebenfalls am Vernehmlassungsverfahren und füllten die Kiste mit einer weiteren Papierflut. Sie alle vertreten Interessen und Meinungen, die sich zum Teil gleichen, weil sie abgesprochen und aufeinander abgestimmt wurden. Die Stellungnahmen illustrieren aber auch die riesigen Gegensätze, welche die Debatte um die Schweizer Energiepolitik seit Jahren prägen:

Die Umweltverbände zum Beispiel fordern schon ab 2035 eine Stromversorgung, die zu hundert Prozent auf erneuerbarer und einheimischer Energie basiert, ohne dass der Natur- und Heimatschutz geschmälert wird. Die Stromwirtschaft setzt primär auf Gaskraftwerke und Importstrom aus Europa, obwohl der aus der EU importierte Strom mehrheitlich in fossilen Kraftwerken erzeugt wird. Die Gaswirtschaft favorisiert eine stärkere Förderung von gasbetriebenen WKK-Anlagen, was Umwelt- und Stromlobby vereint ablehnen. Linke Parteien und Grüne verlangen, dass die Lenkungsabgabe auf Energie, die der Bundesrat auf die Zeit nach 2020 hinausgeschoben hat, schneller eingeführt wird, während Rechtsparteien dieses Instrument ablehnen. Die Erdölwirtschaft bekämpft nicht nur Energieabgaben, sondern auch die Erhöhung der bescheidenen CO_2-Abgabe auf Brennstoffen. Die Kantone wehren sich gegen die Abtretung von kantonalen Kompetenzen. Der Städteverband fordert mehr kommunale Mitwirkung.

Dissens herrscht auch innerhalb der Wirtschaftsorganisationen: Der mächtige Verband Economiesuisse bekämpft die Vorlage des Bundesrates frontal und malt mit seinem ökonomischen Parteigutachten den Untergang der Wirtschaft an die Wand. Derweil begehrt der etwas weniger mächtige Verband Cleantech-Schweiz eine griffigere Energiestrategie mit stärkerer Solarstromförderung, und er kontert die Studie der Economiesuisse mit einem eigenen Parteigutachten. Dieses kommt zum Schluss, «dass sich die Energiewende volkswirtschaftlich lohnt».

Was nun? Und wie weiter? Muss der Bundesrat seine hart kritisierte Energiestrategie einstampfen und als Altpapier entsorgen, bevor sie das Licht des Parlamentes erblickt? Nein, das soll er nicht. Und wenn er es trotzdem täte, so verkennte er das Wesen der Vernehmlassung. Denn beim Vernehmlassungsverfahren geht es darum, dass eine Regierung die Schwachstellen ihrer Vorlage sowie alle Einwände dagegen kennenlernt und sie gegeneinander abwägen kann. Darum pokern die Lobbys – um ihre Sache, ihre Interessen und um viel Geld. Deshalb klaffen die Meinungen in den Vernehmlassungen viel weiter auseinander als im Parlament, das einen Ausgleich suchen und eine Lösung finden muss.

Der Rückzug einer umstrittenen Vorlage empfiehlt sich nur, wenn eine deutliche Mehrheit diese ablehnt. Doch das ist hier nicht der Fall: Die Wirtschaftsverbände Economiesuisse und Swissmen samt SVP- und FDP-Politikern, die den Atomausstieg und die Energiestrategie generell ablehnen, bilden die Minderheit. Die Mehrheit von Kantonen, Parteien und Verbänden hingegen sagt «Ja, aber». Dabei halten sich die «Aber», welche die Vorlage des Bundes verschärfen, und jene, die sie abschwächen wollen, in etwa die Waage.

Die Vorlage des Bundesrates steht somit komfortabel in der Mitte – was nicht heisst, sie liesse sich nicht verbessern. In diesem und im nächsten Kapitel schreibe ich ebenfalls eine Art Vernehmlassung. Dabei vertrete ich keine Lobby und keine persönlichen Interessen, denn ich verdiene mein Geld weder mit Atom- noch Alternativ-Energie. Mein Urteil über Stärken und Schwächen der Energiestrategie sowie meine Vorschläge orientieren sich an den Informationen und Analysen, die ich in den vorangegangenen Kapiteln ausgebreitet habe.

Ziele richtig, aber unverbindlich

Mit seiner Energiestrategie strebt der Bundesrat eine klare Wende der langfristigen Entwicklung an, dies in dreifacher Hinsicht: Die Zahl der Energiesklaven pro Person soll innerhalb der Schweiz annähernd halbiert, der Stromverbrauch zumindest stabilisiert werden. Und drittens gilt es, die verbleibenden Energiesklaven vermehrt mit nachwachsender Energie zu versorgen.

Die Kritik

- **Stärken** Ziele sind notwendig, um zu zeigen, wohin der Weg führen soll. Sie sind hilfreich, um kontrollieren zu können, ob der eingeschlagene Weg gangbar ist und genügend schnell begangen wird. Es ist richtig und wichtig, dass der Bundesrat eine Reduktion des Gesamtenergie-Verbrauchs anstrebt. Denn der zunehmende Energiekonsum widerspricht dem Auftrag in der Bundesverfassung, wonach die Energieversorgung «sicher», «umweltverträglich», «sparsam» und «rationell» sein soll (siehe Kasten: «Der Verfassungsartikel zur Energie»). Gemessen an der bisherigen Entwicklung sind die Ziele erfreulich anspruchsvoll. Zu begrüssen ist ausserdem, dass die bundesrätliche Strategie die Energie als Ganzes erfasst, also den Atomausstieg mit dem Klimaschutz verknüpft. Denn die Begrenzung der Optik auf Strom, Erdöl, Klimaschutz oder erneuerbare Energie allein würde die Probleme verschieben, statt sie zu lösen.

> ### Der Verfassungsartikel zur Energie
> **Art. 89 Bundesverfassung**
>
> «Energiepolitik
>
> [1] Bund und Kantone setzen sich im Rahmen ihrer Zuständigkeiten ein für eine ausreichende, breit gefächerte, sichere, wirtschaftliche und umweltverträgliche Energieversorgung sowie für einen sparsamen und rationellen Energieverbrauch.
>
> [2] Der Bund legt Grundsätze fest über die Nutzung einheimischer und erneuerbarer Energien und über den sparsamen und rationellen Energieverbrauch.
>
> [3] Der Bund erlässt Vorschriften über den Energieverbrauch von Anlagen, Fahrzeugen und Geräten. Er fördert die Entwicklung von Energietechniken, insbesondere in den Bereichen des Energiesparens und der erneuerbaren Energien.
>
> [4] Für Massnahmen, die den Verbrauch von Energie in Gebäuden betreffen, sind vor allem die Kantone zuständig.
>
> [5] Der Bund trägt in seiner Energiepolitik den Anstrengungen der Kantone und Gemeinden sowie der Wirtschaft Rechnung; er berücksichtigt die Verhältnisse in den einzelnen Landesgegegenden und die wirtschaftliche Tragbarkeit.»

- **Schwächen** Misst man die Ziele an den riesigen Anforderungen, welche die Wissenschaft setzt, um den Klimawandel zu begrenzen und die Plünderung von nicht erneuerbaren Rohstoffen zu stoppen, dann braucht es bis 2050 eine stärkere Reduktion des Energiekonsums, als das Gesetz anstrebt. Vor allem aber: Den gesetzlichen Zielen fürs Jahr 2050 fehlt die Verbindlichkeit, weil der Vollzug an die nächste Generation delegiert wird. Zudem definiert das Gesetz die Ziele uneinheitlich: Bei der Energie wird der Pro-Kopf-Verbrauch, beim Strom der Gesamtverbrauch bemessen, bei der Energie das Jahr 2000, beim Strom das Jahr 2020 als Grundlage gewählt. Und der Verlust der Pumpspeicherung wird ausgeklammert; für diese Nettobetrachtung gibt es keinen ersichtlichen Grund.

- **Vorschlag** Der Energieverbrauch sollte mit einem Zwischenziel schon fürs Jahr 2020 begrenzt werden. Die Verbrauchsziele für Energie- und Strom sind zu vereinheitlichen. Auf gesetzliche Produktionsziele für Strom aus erneuerbarer Energie kann verzichtet werden, denn sie schränken den Handlungsspielraum ein: Wenn mehr Strom als prophezeit gespart wird, braucht es weniger Alternativkraftwerke. Zudem besteht das Risiko, dass das Parlament obendrein Teilziele für einzelne Technologien im Gesetz festschreibt, was den Spielraum noch stärker einschränken würde.

Auf die Umsetzung kommt es an

Schon in bisherigen Gesetzen wimmelt es von Zielen und von Grundsätzen, die nicht eingehalten werden. Strategien und Gesetze sind darum weniger an ihrem Zweck zu messen als an der Frage, wie weit sie sich umsetzen lassen, und wie weit das Umsetzbare vollzogen wird. Dabei gilt es zu unterscheiden zwischen konsequentem Gesetzesvollzug und realer Politik.

Dazu ein Beispiel: Das frühere Verkehrsverlagerungs-Gesetz des Bundes verlangte, dass die Zahl der Lastwagen, welche durch die Schweizer Alpen fahren, ab 2009 auf 650 000 Fahrten pro Jahr limitiert wird. Wenn der 650-Tausendste Lastwagen die Alpen durchquert hat, was meist im August der Fall ist, müssten die Behörden am Gotthard, Simplon und San Bernardino Barrieren aufstellen mit dem Schild «Durchfahrt bis 31. Dezember verboten». Das wäre gesetzeskonformer Vollzug. Unter den heutigen Verhältnissen ist diese Konsequenz nicht möglich. Denn EU-Kommissare, Transportunternehmer und die vom weiträumigen Warenaustausch abhängigen Unternehmen und Einwohner würden die Barrikaden am Alpenrand innert kürzester Zeit stürmen. Aus diesem Grund stellte die Schweiz keine Barrieren auf, sondern investierte 24 Milliarden Franken in zwei neue unrentable Neat-Tunnels und fördert den Transport per Bahn obendrein mit zusätzlichen Subventionen. Und das Parlament ersetzte das Verkehrsverlagerungs-Gesetz durch das «Güterverkehrsverlagerungs-Gesetz». Damit verlängerte es nicht nur den Namen, sondern erstreckte auch die Vollzugsfrist für die Beschränkung der Lastwagenfahrten aufs Jahr 2018 – und wird 2018 feststellen, dass die Zahl der 650 000 Laster weiterhin überschritten wird.

Zurück zum Thema: Um die Energiewende umzusetzen, gäbe es ebenfalls eine einfache Lösung. Diese liefert der Wissenschafts-Journalist Marcel Hänggi in seiner privaten Vernehmlassung für eine «zielführende Energiestrategie». Darin fordert er ein Verbot der Produktion und des Imports von Atomstrom sowie eine Beschränkung des Imports von Kohlenstoff mittels handelbaren Kontingenten. Das Prinzip, die Menge zu begrenzen und die begrenzte Menge im freien Handel zu verteilen (neudeutsch: «Cape and Trade») ist einfach und liberal, stellt Hänggi zu Recht fest. Denn Atomstrom-Verbot und Begrenzung des Kohlenstoffs garantieren, dass der Verbrauch von nicht erneuerbarer nuklearer und fossiler Energie und mithin der CO_2-Ausstoss zielkonform vermindert wird. Die meisten Massnahmen, welche der Bundesrat in seiner Vorlage beantragt, würden sich damit erübrigen.

Wäre die Schweiz ein Modell, so könnte die Regierung Hänggis einfaches Konzept sofort übernehmen und alles andere dem freien Markt überlassen. Doch die Schweiz ist kein Modell, sondern ein Staat mit gewachsenen politischen und wirtschaftlichen Strukturen, geprägt durch eine Flut von bestehenden Gesetzen und überzogen von Lobbys, die gegensätzliche Interessen vertreten. An dieser politischen Wirklichkeit kommt keine einfache Lösung vorbei. Und darum besteht die Energiestrategie aus der – im vorherigen Kapitel beschriebenen – Vielzahl an Vorschriften, Fördermassnahmen und Subventionen. Meine nachfolgende Bewertung dieser Mittel orientiert sich darum nicht an Idealen, sondern an Möglichkeiten der real existierenden Politik.

Atomausstieg ja, aber verbindlich

Die Energiestrategie fusst auf zwei Pfeilern: Dem CO_2-Gesetz, das im Interesse des Klimaschutzes den Ausstoss von CO_2 und weiteren Klimagasen begrenzt, sowie dem Grundsatz-Entscheid von Bundesrat und Parlament, aus der Atomenergie auszusteigen. Demnach soll der Bau von neuen Atomkraftwerken verboten werden. Die bestehenden Atomkraftwerke hingegen verfügen über eine unbefristete Betriebsbewilligung. Sie dürfen damit so lange laufen, solange sie laut Aufsichtsbehörde Ensi die gesetzlichen Sicherheitsanforderungen erfüllen.

Die Betreiber haben nicht nur ein wirtschaftliches Interesse, ihre weitgehend amortisierten Atomstromfabriken möglichst lange weiterproduzieren zu lassen. Zusätzlich unterliegen sie – und die Behörden – einem wirtschaftlichen Druck. Grund: Die AKW-Betreiber haben ihre Fonds, mit denen sie dereinst den Abbruch der AKW und die Entsorgung des nuklearen Abfalls finanzieren müssen, noch zu weniger als der Hälfte gefüllt. Würden alle alten AKW aus Sicherheitsgründen sofort abgestellt, müssten die – mehrheitlich staatlichen – Schweizer Stromkonzerne über zehn Milliarden Franken nachschiessen.

- **Stärken** Das Verbot von neuen Atomkraftwerken ist richtig und wegweisend: Richtig, weil Unfälle in Atomkraftwerken derart grosse und unkalkulierbare Schäden an Menschen und Umwelt verursachen können, dass keine Versicherungsgesellschaft diese Risiken versichern kann. Wegweisend, weil das Verbot eine jahrelange politische Auseinandersetzung mit unabsehbarem Resultat vorzeitig beendet. Denn auch ohne Neubau-Verbot ist höchst ungewiss, ob das Schweizer Volk neue Atomkraftwerke bewilligt, und ob die Stromfirmen diese AKW bauen. Denn eine Atomstromfabrik birgt nicht nur nukleare Risiken, sondern ist planerisch ein Luftschloss mit finanziellem Klumpenrisiko (siehe Exkurs auf Seite 90: «Wie die Schweiz auf die Atomenergie kam»). Das Verbot schafft jetzt Sicherheit zugunsten von Investitionen, die Strom sparen und erneuerbare Energie nutzen.

- **Schwächen** Der Verzicht, die Laufzeit der alten Atomkraftwerke zu befristen, erschwert die Umsetzung der Energiestrategie. Denn wenn nicht bekannt ist, wann der Atomstrom ausgeht, lässt sich nicht verlässlich planen, bis wann wie viel Strom eingespart oder ersetzt werden muss. Damit wächst die Gefahr, dass notwendige Investitionen zur Steigerung der Stromeffizienz oder in nicht subventionierte Alternativ-Kraftwerke ausbleiben oder aufgeschoben werden.

Und: Je länger die alten AKW laufen, desto länger bleibt das Risiko eines Atomunfalls bestehen.

- **Vorschlag** Die Volksinitiative der Grünen fordert, dass die Laufzeit der bestehenden AKW auf 45 Jahre begrenzt wird. Bundesrat oder Parlament sollen einen Gegenvorschlag ausarbeiten, der die Laufzeit auf maximal 50 Jahre festlegt und damit die Planungsvorgabe der Energiestrategie verbindlich macht. Falls dies nicht geschieht, empfehle ich die Annahme der grünen Volksinitiative im Interesse der Planungssicherheit.

Verbrauch konsequenter begrenzen

Vorschriften, die den Verbrauch von neuen Geräten und Anlagen beschränken, gehören zu den billigsten Mitteln der Energiespar-Politik. Solche Normen bestehen bereits für einige Produkte, unter anderem für Beleuchtungen (Glühlampenverbot), Kühlschränke, Waschmaschinen oder Tumbler. Ihr Verbrauch wird nicht im Gesetz, sondern in Ausführungs- Verordnungen begrenzt. Die Revision des Energiegesetzes, die der Bundesrat in seiner Vorlage zur Umsetzung der Energiestrategie beantragt, bringt nun eine Erweiterung und Verschärfung der heutigen Vorschriften, aber keine Beschleunigung.

- **Stärken** Verbrauchsnormen sollen künftig alle serienmässig hergestellten Geräte und Anlagen (vom Haushaltgerät bis zum Industriemotor) erfassen. Sie müssen sich unter anderem an den «besten verfügbaren Technologien» orientieren. Weil die Grenzwerte in Verordnungen festgelegt werden, kann der Bundesrat sie kurzfristig und ohne Umweg über das Parlament anpassen, wenn die Technik Fortschritt macht.

- **Schwächen** Verbrauchsvorschriften wirken stets mit Verzögerung, weil sie nur neu in Verkehr gesetzte Geräte und Anlagen erfassen. Die Durchsetzungs-Dauer hängt davon ab, wie lange bestehende Produkte betrieben werden. Diese Fristen klaffen auseinander: Bei Geräten mit schnellem Verschleiss wie etwa Computern oder Smart Phones ist die Verzögerung klein; entsprechend höher ist der Rohstoffverschleiss und der Einsatz von grauer Energie, der vorwiegend im Ausland anfällt. Kühlgeräte oder Industriemotoren hingegen erreichen eine Lebensdauer von 15 bis 30 Jahren; hier führen zu large Vorschriften zu einer jahrzehntelangen Energieverschwendung. Die neuen Vorschriften müssen sich nicht nur an der besten Technik, sondern weiterhin auch an der «Wirtschaftlichkeit» und an «internationalen Normen» orientieren. Das Gesetz belässt damit dem Bundesrat und dem Einfluss der Lobbys viel Spielraum. In der Vergangenheit hat der Bundesrat diesen Spielraum genutzt, um weniger strenge Grenzwerte zu verordnen, als es der Stand der Technik erlaubte und die Umweltverbände forderten. Die grösste Schwäche: Es fehlen Vorschriften, die unsinnigen Energieeinsatz verbieten. Dazu gehören Heizungen für Vorplätze und Boulevard-Restaurants ebenso wie Beleuchtungen von Fassaden. Oder sollen wir den Jura mit Windmühlen verspargeln und für windstille Zeiten zusätzliche Pumpspeicher-Kraftwerke bauen, um nachts Hochhäuser zu illuminieren?

- **Vorschlag** Das Gesetz muss bei Geräte-Vorschriften Prioritäten setzen. Die Umsetzung der besten Technik soll Vorrang erhalten gegenüber der Wirtschaftlichkeit und internationalen Normen. Nur so lassen sich die grossen Potenziale zur Steigerung der Stromeffizienz konsequent und ohne Verzögerung ausschöpfen. Denkbar wäre, die Vorschriften für neu in Verkehr gesetzte Anlagen zu ergänzen mit Sanierungsvorschriften für alte energieintensive Industrieanlagen. Die Vorschriften, welche die Effizienz von Geräten und Anlagen verbessern, sind zu ergänzen durch Verbote von offensichtlich unsinnigen Stromanwendungen.

Löcher bei Autonormen stopfen

Die Schweiz hat Vorschriften bereits beschlossen, die den CO_2-Ausstoss und damit indirekt den fossilen Treibstoffverbrauch von neu in Verkehr gesetzten Autos begrenzen. Dabei handelt es sich um einen Nachvollzug der EU-Normen: Diese senken ab Ende 2015 den zulässigen CO_2-Ausstoss auf durchschnittlich 130 Gramm pro Kilometer Fahrt. Die neuerliche Revision CO_2-Gesetzes, die der Bundesrat jetzt beantragt, erweitert diese Normen auf Lieferwagen und vermindert den mittleren Grenzwert ab Ende 2020.

- **Stärke** Der mittlere CO_2-Ausstoss von neuen Personenwagen sinkt ab Ende 2020 um einen Viertel auf 95 Gramm CO_2. Das entspricht einem Benzinverbrauch von 4,1 Liter pro hundert Kilometer.

- **Schwächen** Vom Durchschnittswert von 130 respektive 95 Gramm gibt es Abweichungen und Ausnahmen, die dafür sorgen, dass grosse Autos mit überdimensionierten Motoren und überdurchschnittlichem Verbrauch weiterhin abgesetzt werden können. In der Praxis werden, so bestätigen Fahrtest des Touring Club der Schweiz (TCS), alle Fahrzeuge einen halben bis einen Liter mehr Sprit verbrauchen, als die Vorschriften erlauben. Denn der Fahrzyklus vernachlässigt starke Beschleunigungen ebenso wie den Spritverbrauch für Klimaanlagen. Eine weitere Schwäche: Die Vorschriften begrenzen nur den CO_2-Ausstoss und mithin den fossilen Treibstoffverbrauch. Hersteller haben damit die Möglichkeit, auf Agrartreibstoff, Biogas oder Elektromotoren umzusteigen, deren Verbrauch nicht begrenzt wird. Damit rückt das – technisch heute schon mögliche – Vierliter-Auto in weite Ferne.

- **Vorschläge** Die CO_2-Grenzwerte für neue Autos und Lieferwagen sollten ergänzt werden mit Verbrauchsvorschriften, die auch Elektrizität und erneuerbare Treibstoffe erfassen. Der Fahrzyklus ist der automobilen Praxis anzupassen. Die Ausnahmen für in kleinen Serien produzierte Autos sind zu streichen. Analog zu den Lastwagen sollte auch bei Personenwagen das zulässige Gewicht begrenzt werden. Denn zwei Tonnen mobile Verpackung oder mehr lassen sich nicht vereinbaren mit einem Energieartikel, der einen «rationellen und sparsamen Energieverbrauch» vorschreibt.

Marktwidrige Absatzförderung

Die Schweizer Elektrizitätswirtschaft hat ihren Stromabsatz in den letzten Jahrzehnten stetig erhöht. Nun will der Bundesrat die Stromlieferanten mit einer Ergänzung des Energiegesetzes zwingen, die Effizienz des Stromeinsatzes bei ihrer Kundschaft zu verbessern. Wenn Verkäufern vorgeschrieben wird, dafür zu sorgen, dass ihre Kunden sparsamer mit dem von ihnen angebotenen Produkt umgehen, so wirkt das auf den ersten Blick paradox. Die Stromlobby bekämpft diese Vorschrift denn auch mit besonderer Vehemenz und argumentiert, das sei «bürokratisch» und «marktwidrig». Dieser Vorwurf mag zutreffen. Nur: Die Stromunternehmen selber haben nie marktkonform gewirtschaftet. Was zu erläutern ist:

Die nationale und europäische Stromversorgung fusste jahrzehntelang auf einem Markt mit begrenztem Zugang. Teilnehmen konnten bis in die späten 1990er-Jahre nur jene Unternehmen, die über eigene Kraftwerke verfügten und am Höchstspannungs-Netz partizipierten. Sie betrieben untereinander einen Grosshandel, der anfänglich vor allem dazu diente, die geografischen und zeitlichen

Unterschiede zwischen Angebot und Nachfrage auszugleichen und damit das Stromnetz stabil zu halten.

Die Verteilwerke und Endverbraucher hingegen waren im Monopol gefangen. Sie konnten ihre Lieferanten nicht wählen, sondern mussten ihren Strom bei jenen Produzenten und Grosshändlern beziehen, die über das regionale Versorgungsmonopol verfügten. In dieser Situation förderten die Monopolisten den Absatz innerhalb ihrer eigenen Versorgungsgebiete, indem sie ihrer Kundschaft Elektrogeräte, Elektroheizungen oder Wärmepumpen anpriesen. Ein weiteres Mittel, um den Absatz zu fördern, sind degressive Tarife oder – verständlicher ausgedrückt – Mengenrabatte.

Diese Rabatte resultieren aus fixen Grundgebühren sowie Nieder- oder Sondertarifen für Verbraucher, die mehr Strom konsumieren als der Durchschnitt. Das belegen die Stromtarife, welche die Elektrizitätskommission ElCom vergleicht. Beispiel: Ein Haushalt, der pro Jahr 7500 kWh Strom verbraucht, bezahlt pro kWh Strom in den meisten Versorgungsgebieten zehn bis dreissig Prozent weniger als ein sparsamer Haushalt mit einem Jahresverbrauch von 1600 kWh. Dank diesen degressiven Tarifen konnte die Elektrizitätswirtschaft ihren Marktanteil gegenüber andern Energieträgern erhöhen, dies vor allem im Wärmemarkt.

Eine Absatzförderung mit degressiven Tarifen ist dann vertretbar, wenn eine steigende Produktion zu sinkenden Preisen führt. Doch in der Strombranche ist das nicht der Fall, im Gegenteil. Die Produktionskosten in zusätzlichen und damit neuen Kraftwerken ist in der Regel teurer als in alten. Das heisst: Die letzte Kilowattstunde Strom, die produziert und verkauft wird, ist die teuerste. Nach dem «Last-Cost»- oder Grenzkostenprinzip hätte die Stromwirtschaft die Mengenrabatte schon längst abschaffen und ihre Tarife progressiv gestalten müssen nach dem Prinzip: Wer mehr Strom als der Durchschnitt verbraucht, soll für die zusätzlichen und mithin teureren Kilowattstunden mehr bezahlen. Das hätte zum Stromsparen angeregt und damit manch neues und teures Kraftwerk erspart.

Ende der 1990er-Jahre öffneten die EU-Staaten schrittweise ihren Strommarkt, anfänglich nur für Verteilwerke und grosse Endverbraucher, später für alle Konsumenten. Die Schweiz folgte 2009 mit einer teilweisen Öffnung des Marktes für Verteilwerke und Grossverbraucher. Trotz dieser stufenweisen Marktöffnung blieben jedoch die meisten Verteilwerke und Endverbraucher bei ihrem bisherigen Monopol-Lieferanten.

Diese Marktabstinenz förderte der Bundesrat mit fragwürdigen Regulierungen. Dazu gehört insbesondere die Bestimmung, dass die Preise für die im Monopol verbleibenden Kunden sich an den Produktionskosten orientieren müssen. Diese Kosten waren meist tiefer als die Marktpreise. Darum zogen, wie schon im 3. Kapitel dargelegt, die meisten Grossverbraucher, die Zutritt zum Markt haben, das geschützte Monopol vor.

Der angestrebte Wettbewerb blieb darum weitgehend aus. Das galt nicht nur beim Stromabsatz, sondern auch im Strom-Spargeschäft: Unternehmen und Haushalte, die heute mehr Strom verbrauchen als der Durchschnitt, profitieren in den meisten Landesgegenden weiterhin von degressiven Tarifen. Damit fördern die Stromverkäufer die Stromverschwendung und die angedrohte Stromlücke, die sie mit neuen Kraftwerken stopfen möchten.

Effizienz ist gut, Sparen besser

Wenn nun der Bundesrat mit seiner Strategie primär zum Energiesparen anregen will, ist es logisch und richtig, die Stromverkäufer ebenfalls in die Pflicht zu nehmen. Das einfachste Mittel wäre, den Stromversorgern vorzuschreiben, sie müssten ihre bisherigen, absatzfördernden Tarife nach ihren Grenzkosten bemessen. Das verlangen Kritiker der Stromverschwendung sei Jahrzehnten. Doch diese Simulierung eines echten Marktes steht heute in Konflikt mit dem realen Strommarkt, den der Bundesrat ab 2015 vollständig liberalisieren will. Aus diesem Grund wählt die Regierung die im 4. Kapitel beschriebene Vorschrift, die Elektrizitätsverkäufer zwingt, die Stromeffizienz bei ihren Kunden zu steigern.

- **Stärke** Die Stromversorger werden gezwungen, ihrer Kundschaft Beratung und Energiedienste anzubieten, die eine Steigerung der Stromeffizienz um jährlich bis zu zwei Prozent bewirken. Weil diese Massnahmen nur anrechenbar sind, wenn sie nicht ohnehin getätigt werden, resultiert daraus eine zusätzliche Steigerung der Stromeffizienz. Das senkt den Stromkonsum oder bremst zumindest die Zunahme.

- **Schwäche** Die Aushandlung der individuellen Ziele und vor allem die Kontrolle, ob die nachgewiesenen Effizienzmassnahmen nicht ohnehin ergriffen worden wären, erfordert tatsächlich einen bürokratischen Aufwand. Zudem besteht weiterhin das Risiko, dass die Effizienzsteigerungen überkompensiert werden durch eine wachsende Menge an Elektrogeräten und Elektroanlagen.

- **Vorschlag** Wirkungsvoller und unbürokratischer wäre ein Zertifikate-System, das nicht nur die Stromeffizienz steigert, sondern den Stromabsatz insgesamt begrenzt. Oder eine Lenkungsabgabe, die zum Stromsparen anreizt (mehr dazu im 6. Kapitel).

Verbindliche Gebäudenormen nötig

Die Vorschriften zum Umgang mit Energie in Gebäuden und deren Vollzug will der Bundesrat weiterhin den einzelnen Kantonen überlassen. Damit verzichtet er auf die Regulierung just jenes Bereichs, der in der Schweiz am meisten Energie beansprucht. So verbrauchen Heizungen, Warmwasser-Aufbereitung und Haustechnik in den Gebäuden zusammen mehr als ein Drittel der gesamten Endenergie, die in der Schweiz konsumiert wird.

Die Unverbindlichkeit in diesem wichtigen Bereich ist fatal, weil damit ein riesiges Sparpotenzial zu wenig konsequent genutzt wird. Schon die Mustervorschriften der Kantone für Energie in Gebäuden (MuKEn), welche die kantonale Energiedirektoren-Konferenz vorschlägt, entsprechen nicht dem neusten Stand der energetisch besten Bautechnik. Das belegen die strengeren freiwilligen Standards – von Minergie bis zum Plusenergie-Haus. Weil die MuKEn bloss eine Empfehlung darstellen, setzen einzelne Kantone diese Gebäudenormen nicht oder nur mit Verzögerung um. Das ist besonders fatal, weil Häuser sehr langlebig sind. Heutige Neubauten beeinflussen den Energiebedarf während fünfzig bis hundert Jahren.

- **Vorschlag** Der Bund schafft ein Rahmengesetz für den Energieverbrauch in Gebäuden, überlässt den Vollzug aber weiterhin den Kantonen. Das Gesetz schreibt den energetischen Mindeststandard für Neubauten und Sanierungen verbindlich vor, erlaubt fortschrittlichen Kantonen aber, auf ihrem Territorium strengere Vorschriften anzuwenden. Das nationale Rahmengesetz soll sich auf die – konzeptionell vorbildliche – MuKEn abstützen. Im Zentrum steht damit weiterhin die Energiekennzahl. Diese legt fest, wie viel Energie für Heizung, Wärme und Haustechnik pro Quadratmeter Geschossfläche maximal zulässig ist, und wie viel davon auf nicht erneuerbare Energie entfallen darf. Die quantitativen Werte sind auf Verordnungsebene festzulegen, damit sie schnell dem technischen Fortschritt angepasst werden können. Elektroheizungen sind zu verbieten, ebenso Wärmepumpen mit tiefem Wirkungsgrad sowie andere offensichtlich unsinnige Energieanwendungen. Grund: Wenn die alten Atomkraftwerke abgestellt werden, lässt sich in der Schweiz der wegfallende Strom während der Heizperiode weniger einfach ersetzen als im wasser- und sonnenreichen Sommerhalbjahr.

Bei strengeren Normen haben Verstösse oder Fehler beim Bauen negativere Folgen. Darum müssen die Vorschriften ergänzt werden durch Ausbildung der Bauleute und Kontrollen der Ausführungsqualität. Zudem fällt bei energetisch effizienteren Bauten das Verhalten der Bewohnerinnen und Bewohner stärker ins Gewicht. Darum soll das Gesetz das Verursacherprinzip durchsetzen und die verbrauchsabhängige Heizkosten- und Warmwasserabrechnung endlich allen Kantonen vorschreiben. Diese verbrauchsabhängige Rechnung lenkt nicht nur über das Portemonnaie, sondern dient auch der Aufklärung. Wenn ein Bewohner entdeckt, dass er doppelt soviel Energie verbraucht wie seine Nachbarin, kommt er automatisch ins Sinnieren.

Die gesetzlichen Vorgaben sind zu begleiten durch bessere Information der Nutzer. Architektinnen und Haustechniker sollten in ihren Budgets einen nicht zu knappen Aufwand für Aufklärung und Anleitung der Benutzer einkalkulieren. Denn die beste Gebäude- und Haustechnik nützt nichts, wenn die Benutzer nicht wissen, wie sie funktioniert, ihre Energiezähler nicht lesen können und darum Strom und Wärme aus Unkenntnis verschwenden.

Mehr lenken, weniger subventionieren

Die CO_2-Abgabe auf fossilen Brennstoffen sollte möglichst schnell ersetzt werden durch eine Lenkungsabgabe auf allen Energieträgern (mehr dazu im 6. Kapitel). Der Bundesrat hingegen will am heutigen Konzept mit einer Mischung auf Förder- und Lenkungsabgabe auf CO_2 bis Ende 2020 festhalten. In seiner Vorlage beantragt er, die Abgabe von 36 Franken pro Tonne CO_2 auf 60 oder 90 Franken zu erhöhen. Dabei will er den Anteil des Ertrags, der zur Subventionierung von Gebäudesanierungen und zum Umstieg von fossilen auf erneuerbare Brennstoffe abgezweigt wird, je nach Erhöhungsvariante auf 300 oder 450 Millionen Franken pro Jahr anheben.

- **Stärke** Eine höhere CO_2-Abgabe verteuert nicht erneuerbare fossile Brennstoffe und bietet einen finanziellen Anreiz zum Energiesparen oder zum Umstieg auf erneuerbare Energie. Wenn zusätzlich ein Teil des Ertrags verwendet wird, um die energetische Sanierung von alten Gebäuden und die Abkehr von fossiler Energie zu fördern respektive zu subventionieren, so verstärkt sich der Energiespar- und Substitutions-Effekt. Die CO_2-Förderabgabe bringt damit eine doppelte Wirkung gegenüber der reinen Lenkungsabgabe.

- **Schwäche** Subventionen widersprechen dem Verursacherprinzip und verfälschen den Markt auch dann, wenn sie eine energiepolitisch erwünschte Wirkung haben. Die staatliche Förderung ist ungerecht gegenüber Hausbesitzern, die ihre Gebäude schon früher ohne staatliche Stützung energetisch verbessert haben. Sie erfordert zusätzlichen Kontrollaufwand, um zu verhindern, dass Hauseigentümer subventionierte Sanierungskosten missbräuchlich auf ihre Mietpreise überwälzen. Zudem besteht stets das Risiko, dass der Staat Sanierungen fördert, die Hauseigentümer auch ohne Subventionen tätigen würden; dieser sogenannte Mitnahmeeffekt schmälert die Wirkung der finanziellen Förderung.

- **Vorschlag** Eine stärkere Erhöhung der CO_2-Abgabe – und damit die 90-Franken-Variante oder noch besser das heutige mögliche Abgabe-Maximum von 120 Franken pro Tonne – ist vorzuziehen. Damit kann ein grösserer Teil der Kosten des Klimawandels auf die Verursacher des CO_2-Ausstosses abgewälzt und der CO_2-Ausstoss stärker reduziert werden. Der Förderanteil des Ertrags hingegen ist zu begrenzen auf maximal 300 Millionen Franken pro Jahr. Auf die Förderung von Einzelmassnahmen an Gebäuden ist zu verzichten, denn sie vermindern den Anreiz für wirkungsvollere Gesamtsanierungen. Das wäre ein Kompromiss zwischen den oben beschriebenen Stärken und Schwächen der CO_2-Abgabe.

Extrawürste abschaffen

Schon das heute gültige CO_2-Gesetz enthält eine Vielzahl von Ausnahmen. So gilt die CO_2-Abgabe nur für jene fossilen Energieträger, die als Brennstoff verwendet werden, nicht aber für Treibstoffe. Auch innerhalb der Brennstoffe gibt es Sonderregelungen: Industriebetriebe mit hohem fossilen Energieverbrauch können mit dem Bund Zielvereinbarungen zur Begrenzung ihrer klimawirksamen Gase abschliessen; wenn sie das tun, wird ihnen die CO_2-Abgabe zurückerstattet. Betreiber von neuen Gaskraftwerken und fossilen Wärmekraftkopplungs-Anlagen werden von der CO_2-Abgabe ebenfalls befreit, müssen ihren CO_2-Ausstoss aber anderswo kompensieren.

Diese Sonderregelungen beruhen auf politischen Kompromissen, die zum Teil Jahre zurückliegen. So bekämpften Auto- und Erdöllobby die CO_2-Abgabe auf Treibstoffen erfolgreich, indem sie einen freiwilligen Klimarappen einführten. Mit dem Ertrag dieser bescheidenen Förderabgabe finanzierte die Stiftung Klimarappen das frühere Programm für energetische Gebäudesanierungen und kaufte CO_2-Zertifikate im Ausland. Mit solchen Ablasszahlungen half die Schweiz, Treibhausgase im Ausland zu vermindern (oder wegzurechnen) und umging damit die Verpflichtung des Kyoto-Protokolls, die Treibhausgase bis 2012 «vorwiegend mit Massnahmen im Inland» zu senken.

Die Extrawurst respektive Extrahypothek für Gaskraftwerke entstand aus einer unheiligen Allianz, bestehend aus bürgerlichen AKW-Befürwortern, die keine Konkurrenz für ihre begehrten AKW wünschten, und linken AKW-Gegnern, die eine «hundert Prozent erneuerbare» Stromversorgung anstreben. Sie setzten durch, dass Betreiber von neuen fossilen Kraftwerken (dazu gehören neben Gaskraftwerken auch grosse WKK-Anlagen) ihre Treibhausgase zu hundert Prozent kompensieren müssen, davon zu mindestens 50 Prozent im Inland. Diese Kompensationspflicht macht Gaskraftwerke im Inland von vornherein unwirtschaftlich. Die Befreiung von der CO_2-Abgabe ist damit die logische Folge dieser Kompensationspflicht.

Sachlich sind die erwähnten Sonderregelungen nicht zu rechtfertigen. Denn es macht fürs Klima keinen Unterschied, ob eine Kilowattstunde Erdgas in einem Automotor oder in einem Gaskraftwerk verbrannt und in CO_2 umgewandelt wird. Das faktische Verbot von Gaskraftwerken, das die hundertprozentige Kompensationspflicht zurzeit bewirkt, ist zudem paradox. Denn der energetische Wirkungsgrad eines Gaskraftwerks ist dreimal besser als jener eines gasbetriebenen Automotors. Zudem lässt das CO_2-Gesetz eine Hintertüre offen, welche die Kompensationspflicht aufweicht: Wenn die Schweiz sich dem europäischen Emissionshandels-System anschliesst, gelten CO_2-Reduktionen im Ausland als Inlandmassnahmen. Womit die Betreiber von Gaskraftwerken ihre Treibhausgas-Emissionen zu hundert Prozent im Ausland kompensieren respektive mit dem Kauf von ausländischen Emissionszertifikaten abzahlen könnten.

- **Vorschlag** Aus den genannten Gründen sollten alle Extrawürste abgeschafft werden. Zielvereinbarungen und Kompensations-Verpflichtungen sind mittelfristig überall zu ersetzen durch eine CO_2-Abgabe, die auch Grossverbraucher von fossilen Brennstoffen erfasst. Die Erhöhung dieser Abgabe auf 90 Franken pro Tonne CO_2 sorgt dafür, dass eine finanzielle Hürde bestehen bleibt, die den Bau von unnötigen fossilen Kraftwerken verhindert. Ebenfalls logisch und nötig, aber realpolitisch erfahrungsgemäss schwierig ist die Ausweitung der CO_2-Abgabe auf fossile Treibstoffe. Umso wichtiger ist es, die Brennstoff-Abgabe möglichst bald zu ersetzen durch eine umfassende Lenkungsabgabe für alle Energieträger.

Mehr Alternativstrom mit weniger Rendite

Die im 4. Kapitel beschriebene Revision der Kostendeckenden Einspeisevergütung (KEV) ist dringend nötig und zielt aus folgenden Gründen in die richtige Richtung.

- **Stärken** Eine Abgabe (Netzzuschlag), die «bedarfsgerecht» festgelegt wird, ist besser als eine fixe Abgabe (von heute 0,9 Rappen/kWh). Der Entscheid, die Einspeisevergütung für Strom aus kleinen Fotovoltaik-Anlagen zu ersetzen durch einen fixen Investitionsbeitrag erspart grossen jährlichen Abrechnungs-Aufwand für wenig Stromproduktion. Denn Fotovoltaik-Anlagen mit einer Leistung bis zehn Kilowatt erzeugen in der Schweiz maximal 12 000 kWh Strom pro Jahr. Ebenfalls sinnvoll ist es, die Verwendung des Ertrags zu erweitern und die Kontingente für die einzelnen Technologien aufzuheben. Denn heute blockieren umstrittene oder überhaupt nicht realisierbare Projekte der privilegierten Wasser- und Windkraft die Förderung von unterprivilegierten aber realisierbaren Fotovoltaik-Anlagen.

- **Schwächen** Damit beginnen die Schwächen der Revisions-Vorlage. Die weitere Begrenzung des Anteils der KEV für Solarstrom steht im Widerspruch zur Aufhebung der übrigen Teilkontingente und diskriminiert diese Technologie. Auch sachlich gibt es dazu keinen Grund mehr. Denn die Produktionskosten von Solarstrom aus neuen Fotovoltaik-Anlagen haben sich den Kosten von Windkraftwerken bereits angenähert und sind in vielen Fällen tiefer als jene von kleinen Wasserkraftwerken. Zudem hat dezentral produzierter Strom aus Fotovoltaik einen relativ hohen Marktwert, solange die Jahresproduktion das Optimum von sieben bis zehn Prozent des jährlichen Stromverbrauchs in der Schweiz nicht überschreitet (siehe Exkurs auf Seite 114: «Solarstrom optimieren statt maximieren»). Der Antrag des Bundesrates, eine Vielzahl von Industrie- und Gewerbebetrieben von der KEV-Abgabe zu befreien respektive ihnen den Netzzuschlag zurückzuzahlen, verletzt ebenfalls das Prinzip der Gleichbehandlung.

Bestehen bleibt schliesslich die grösste Schwäche der bisherigen KEV: Die Berechnung der Subventionshöhe für den Strom aus allen Anlagen basiert auf einer Kapitalverzinsung von fünf Prozent. Diese Rendite, zumal sie aus einer Subvention resultiert, ist viel zu hoch, wenn man sie mit andern Investitionen mit tiefem Risiko vergleicht. So liegt der Zins für langfristige Bundesobligationen heute (Stand Anfang 2013) bei einem Prozent, der Hypothekarzins bei zwei Prozent. Darum gibt es keinen Grund, Leute, die ihr Geld in Fotovoltaik-Anlagen, Wind- oder Wasserkraftwerke investieren, 25 Jahre lang jährlich mit einer subventionierten Rendite von fünf Prozent zu belohnen.

- **Vorschlag** Die Teilkontingente der KEV sind für alle Technologien aufzuheben. Die Kapitalverzinsung für Anlagen, die mit der KEV subventioniert werden, ist zu senken auf maximal den doppelten Zinssatz einer zehnjährigen Bundesanleihe. Damit könnte der Bund mit dem gleichen Geld aus der KEV-Abgabe (neu: Netzzuschlag) weit mehr Naturstrom fördern als mit der heutigen Verzinsung von fünf Prozent. Oder umgekehrt: Der «bedarfsgerechte» Netzzuschlag bliebe relativ tief. Die Rückerstattung des Netzzuschlages an Industrie- und Gewerbetriebe ist zu streichen, weil er dem Gleichbehandlungsprinzip widerspricht, und weil er eine ordnungspolitisch fragwürdige Industrie-Förderpolitik bewirkt. Wenn der Staat schon Industrie- und Exportförderung betreiben will, dann soll er das offen mit Exportsubventionen tun, nicht aber mit verdeckter Subventionierung von Industriestrom.

Naturschutz nicht schmälern

Jede Art von Stromproduktion belastet die natürliche Umwelt. Der Abbau von Kohle und Erdgas vermindert die Rohstoffvorräte. Der Ausstoss von CO_2 fördert den Klimawandel. Wasserkraftwerke graben Flüssen und Bächen mehr oder weniger Wasser ab. Auch Biomasse-Kraftwerke verschmutzen die Luft. Für die Produktion von Solarpanels braucht es Rohstoffe und Energie – immerhin viel weniger Energie als Fotovoltaik-Anlagen während ihrer Lebensdauer produzieren. Windkraftwerke stellen einen Eingriff in die Landschaft dar.

Aus diesen Erkenntnissen lassen sich zwei Forderungen ableiten: Wenn es darum geht, sich von der Atomenergie zu befreien, ist der Einsparung von Energie Vorrang einzuräumen gegenüber der Nutzung von erneuerbarer Energie. Zweitens: Bei der Förderung von erneuerbarer Energie ist abzuwägen zwischen dem Vorteil für Energiekonsumenten und dem Nachteil für den Naturhaushalt. An diesem Prinzip sind die neuen Bestimmungen zu messen, die der Bundesrat im revidierten Energiegesetz unter dem Titel «Raumplanung und Ausbau erneuerbarer Energien» beantragt.

- **Stärken** Die Planung für Wasser- und Windkraftwerke soll in die Raumplanung integriert werden, indem die Kantone geeignete Gebiete und Gewässerstrecken festlegen. Vorteilhaft ist es auch, wenn die heute langen Bewilligungsverfahren beschleunigt werden, sofern die Qualität der Abklärungen nicht darunter leidet.

- **Schwächen** Der Bundesrat erhebt die Nutzung erneuerbarer Energie nicht nur zum «nationalen Interesse». Er verlangt obendrein, dass dieses Interesse gleich oder höher gewichtet wird als die bestehenden Bestimmungen zum Natur-, Gewässer-, Landschafts- und Denkmalschutz. Damit wird der Schutz der Natur weiter abgewertet. Dieses Opfer zugunsten einer Anbauschlacht mit Wind-, Solar- und kleinen Wasserkraftwerken ist unverhältnismässig und damit nicht akzeptabel.

- **Vorschlag** Die Nutzung von erneuerbarer Energie ist zu beschränken auf ein Mass, das zumindest den heutigen Stand des Natur-, Landschafts- und Gewässerschutzes sichert. Das Wort «höherwertig», mit dem der Bundesrat das Interesse an der Nutzung erneuerbarer Energie gewichtet, ist darum zu ersetzen mit dem Begriff «untergeordnet». Denn das Potenzial zur Nutzung der Wasserkraft ist hierzulande schon weitgehend ausgeschöpft. Das Potenzial für eine landschaftsverträgliche Nutzung der Windkraft ist in der kleinräumigen Schweiz gering. Und ein Maximum an Fotovoltaik erfordert einen zusätzlichen Aus- und Umbau der Stromnetze sowie teure Speicherkraftwerke und Ersatzkraftwerke für sommerarme Perioden und Jahreszeiten.

Das Wichtigste zusammengefasst

In diesem Kapitel habe ich die wichtigsten Ziele und Massnahmen bewertet, die der Bundesrat in seiner Vernehmlassungs-Vorlage zur Energiestrategie beantragt. Diese Bewertung orientierte sich nicht am Ideal eines unverzerrten Marktes, den ich im nächsten Kapitel skizziere, sondern an den realpolitischen Vorgaben.

- Innerhalb dieser Vorgaben plädiere ich generell für strengere Vorschriften zur Begrenzung des Energieverbrauchs.

- Weiter kritisiere ich die fixen Produktionsziele, die der Bundesrat bei den erneuerbaren Energien setzt, und die zu stark subventionierte Förderung von Wasser-, Wind- und Solarkraftwerken, welche die Natur ebenfalls belasten.

- Meine Vorschläge verfolgen das Ziel, die Energiewende mit mehr, aber reguliertem Markt, dafür mit weniger Bürokratie umzusetzen. Das ist schon in der ersten Etappe möglich. Dazu muss der Bund die Kompetenzen zur Erhöhung der CO_2-Abgabe ausschöpfen, die Subventionen tief halten und auf Diskriminierungen oder Privilegierungen von einzelnen Technologien verzichten.

- Die Naturwerte sind zu schützen, nicht aber die Sonderwünsche von Unternehmen mit hohem Energieverbrauch.

Exkurs: Solarstrom optimieren statt maximieren

Solarstrom hat in der Schweiz das grösste Potenzial, um Atomstrom zu ersetzen. Diese Einschätzung vertreten nicht nur Grüne und Verkäufer von Solaranlagen. Auch die bevorzugten Energieperspektiven des Bundesrates, der Eidgenössischen Technischen Hochschule (ETH) und der Schweizer Stromwirtschaft rechnen mit einem massiven Ausbau der solaren Stromproduktion.

Laut bevorzugtem Szenario des Bundesamtes für Energie soll die Produktion von inländischem Solarstrom bis zum Jahr 2050 auf jährlich über 11 Milliarden Kilowattstunden (kWh) steigen. Allerdings: Der Grossteil des solaren Ausbaus soll erst zwischen 2035 und 2050 erfolgen; einzig die «Umweltallianz» strebt 25 Prozent (!) Solarstrom schon im Jahr 2035 an. Der Hauptgrund für diese Verzögerung: Der Bundesrat will zuwarten, bis die Kosten für Fotovoltaik-Anlagen sinken und damit pro kWh Solarstrom weniger Subventionen benötigen. Darum beantragt er, die Förderung von Solarstrom durch die KEV weiterhin zu kontingentieren.

11 Milliarden kWh Solarstrom im Jahr 2050 entsprechen einem Anteil von annähernd 20 Prozent am heutigen und dannzumaligen Stromverbrauch (exklusive Strom für Speicherpumpen). Gegenüber dem Stand im Jahr 2012 (Solaranteil 0,4 %) müsste damit die Erzeugung von Solarstrom in der Schweiz auf den fünfzigfachen Wert steigen.

Besser als diese langfristige Maximierung wäre jedoch eine mittelfristige Optimierung: Aus heutiger Sicht liegt der optimale Anteil des Solarstroms bei 7 bis 10 Prozent der Schweizer Stromversorgung. Denn erst ab der Schwelle von 10 Prozent steigen die Anforderung für die Speicherung und Integration des Solarstroms und mithin auch die Kosten für den Ausbau der Stromnetze. Das zeigen die folgenden groben Daten und Einschätzungen:

Die tragbare Spitzenleistung?

Fotovoltaik-Anlagen in der Schweiz erzeugen pro Kilowatt (KW) installierte Spitzenleistung im Jahresdurchschnitt tausend kWh Strom. Um 7 Prozent des Schweizer Stromverbrauchs von 60 Milliarden kWh zu decken, müssten also Fotovoltaik-Anlagen mit einer Spitzenleistung von insgesamt 4,2 Millionen Kilowatt installiert werden. Ihre Produktion schwankt massiv: In einer sonnigen sommerlichen Spitzenstunde speisen diese Anlagen annähernd 4 Millionen kWh in die lokalen oder regionalen Stromnetze ein. Nachts hingegen produzieren sie nichts, an trüben Tagen wenig und im Winter viel weniger als im Sommer.

Wenn Fotovoltaik-Anlagen mit 4 bis 5 Millionen Kilowatt installierter Spitzenleistung regelmässig über alle Regionen verteilt werden, können die heutigen regionalen und lokalen Verteilnetze die mittägliche Spitzenmenge an Solarstrom bewältigen, ohne dass sie wesentlich ausgebaut werden müssen. Das zeigen – mit geringen Abweichungen – Untersuchungen des Stromverbandes VSE und der Elektrizitätswerke des Kantons Zürich (EKZ). Dazu kommt: Bis zum Optimum von 7 Prozent kann der dezentral eingespeiste Solarstrom zu fast jeder Tageszeit in jener Region verbraucht werden, in der er produziert wird. Sein Wert ist damit nahezu gleich hoch wie die Tarife für den Strom, der tagsüber über das lokale Niederspannungsnetz in Haushalte oder Firmen geliefert wird.

Die Kosten des Solarstroms

Damit kommen wir zum Kostenvergleich: Neue kleine Solarstrom-Anlagen auf Hausdächern (bis 10 Kilowatt Leistung) erzeugen heute schon Strom zu Gestehungskosten von 25 bis 30 Rappen pro Kilowattstunde (kWh), wenn man sich mit einer Rendite von 2,5 Prozent (dreifache Rendite gegenüber einer Bundesanleihe) begnügt. Grössere Anlagen produzieren noch billiger.

Die Tarife für Strom, der tagsüber ab Niederspannungs-Netz an die Konsumenten geliefert wird, bewegen sich heute in der Grössenordnung von 20 Rappen/kWh, wobei es je nach Region grosse Abweichungen von diesem Durchschnitt gibt. Tendenziell steigen die Stromtarife. Das bedeutet: Die Kosten des Stroms aus neuen dezentralen Fotovoltaik-Anlagen, die heute von den Tarifen der Endverbraucher nicht gedeckt werden, sind schon heute auf 5 bis 10 Rappen/kWh gesunken. Ökonomisch nähert sich der Solarstrom damit schon bald der sogenannten Netzparität.

Differenz zum Marktpreis zählt

Die Preise für Solarmodule aus China werden wohl weiter sinken – nicht aber die Honorare von Solarfirmen, Dachdeckern und Elektrikerinnen, welche die Fotovoltaik-Anlagen im Hochlohnland Schweiz montieren. Der Spielraum zur weiteren Verbilligung der fotovoltaischen Produktion bis zum Jahr 2035 oder 2050 ist also relativ gering. Die Verteilung und Speicherung des Solarstroms sowie die Investitionen für Ersatzkraftwerke im Winter hingegen werden die bescheidene Produktions-Verbilligung kompensieren oder überkompensieren, wenn das erwähnte Optimum von 7 bis 10 Prozent Solaranteil am Schweizer Stromverbrauch überschritten wird.

Gleichzeitig werden, wenn der Solaranteil auf 20 Prozent steigt, die Marktpreise für Solarstrom in sommerlichen sonnigen Überschuss-Stunden gegen Null sinken. Das ist in einigen Regionen in Deutschland, wo der Anteil der Fotovoltaik überdurchschnittlich hoch ist, schon heute der Fall. Damit steigt die Differenz wieder zwischen den Produktionskosten von Solarstrom und dem Marktpreis für diesen Strom. Fazit: Die nicht gedeckten Kosten eines Maximums an Solarstrom im Jahr 2050 dürften pro kWh bedeutend höher ausfallen als die ungedeckten Solarstrom-Kosten bei einem Optimum von 7 Prozent im Jahr 2025.

Maximum contra Optimum

Diese Einschätzung illustriert folgendes Zahlenbeispiel: Will die Schweiz 20 Prozent ihres jährlichen Stromverbrauchs von 60 Milliarden kWh solar decken, so benötigt sie 12 Milliarden kWh Solarstrom. Das erfordert Fotovoltaik-Kraftwerke mit einer Leistung von total 12 Millionen Kilowatt. Die Spitzenleistung dieser Fotovoltaik-Anlagen, die während einer schweizweit sonnigen Mittagsstunde erreicht werden kann, dürfte etwa 10 Millionen Kilowatt betragen. Dazu kommen im Sommer noch 2 Millionen KW Leistung aus Flusskraftwerken, die sich ebenfalls nicht regulieren lassen. Ergibt 12 Millionen Kilowatt Produktionsleistung.

Diese kurzfristige Produktionsleistung ist drei Mal so hoch wie der gleichzeitige Strombedarf in der Schweiz an einem sommerlichen Sonntagmittag (4 Millionen Kilowatt). Das heisst im Extremfall: In einer sonnigen Mittagsstunde müsste eine Leistung von 8 Millionen Kilowatt oder eine Menge von 8 Millionen Kilowattstunden aus Solaranlagen und Flusskraftwerken auf höhere Netzebenen transformiert, exportiert, gespeichert oder vernichtet werden. Die Bewältigung dieses kurzfristigen Überschusses erfordert riesige Zusatzinvestitionen in Netze und Speicher. Auf der andern Seite muss der Solarstrom nachts und im Winter zu einem wesentlichen Teil durch Importe oder fossile Kraftwerke ersetzt werden.

Die Begrenzung der Fotovoltaik auf 7 bis 10 Prozent Anteil an der Schweizer Stromversorgung hat noch einen weiteren Vorteil: Auf den Dächern von Wohnhäusern bleibt mehr Platz für solare Kollektoranlagen. Kollektoren ersetzen hochwertiges Erdöl, Erdgas oder Strom, das für die Aufbereitung von Warmwasser und Heizwärme verschwendet wird, durch niederwertige Solarwärme. Das Potenzial für solare Warmwasseraufbereitung und Heizunterstützung gilt es vordringlich zu nutzen. Denn eine optimal dimensionierte Kollektoranlage kann pro Quadratmeter Dachfläche dreimal mehr Energie in Form von Nutzwärme erzeugen als eine Fotovoltaik-Anlage in Form von Strom.

Diese Einschätzungen gelten heute. Fortschritte oder massive Kostensenkungen bei der dezentralen Strom- oder Wärmespeicherung können dieses Urteil verändern. Zudem liesse sich ein hoher Solarstrom-Anteil, der vor allem im Sommer anfällt, im Winter leichter ausgleichen, wenn die Solarstromproduktion mit einem Rückzug der Elektrizität aus dem Wärmemarkt verknüpft würde. Statt Wärmepumpen müsste der Staat somit dezentrale WKK-Anlagen fördern, die im kalten Winter, wenn wenig Solarstrom und Solarwärme zur Verfügung steht, Strom und Wärme gleichzeitig erzeugen (mehr dazu im 6. Kapitel).

6. Die Wende
Wie der Umstieg in der Energieversorgung gelingen kann

Es war in einem kleinen Dorf im Zürcher Oberland. Man schrieb das Jahr 1950. Meine Grosseltern bauerten damals noch ohne Traktor und ohne Pferdestärken (PS). Die Kartoffeln holten sie mit der Hacke aus dem Boden. Das Gras und das kleine Weizenfeld mähten mein Grossvater und mein Onkel mit der Sense. Getreide und Gras trockneten an der Sonne. Zwei Kühe zogen im Sommer den mit Heu beladenen Wagen vom Feld in die Scheune und im Herbst den Mist aufs Feld und den Pflug durch den Acker. Grossmutter kochte auf einem Holzherd, dessen Wärme die Stube und Küche heizte. Die Zugtiere tankten Biobenzin in Form von Gras, Heu, Runkeln und etwas Getreide. Meine Grosseltern und ihre Kinder ernährten sich vorwiegend mit eigenen Kartoffeln, Gemüse aus dem Garten, Äpfeln vom Baum und viel Kuhfleisch. Das Fleisch der Kälber und Schweine verkauften sie dem Metzger und besserten damit ihr Milch-Einkommen auf.

Nach heutigen Kriterien war der Bauernhof meiner Grosseltern nicht effizient. Denn die Zugkühe verbrauchten einen Teil ihrer Nahrung und damit Landwirtschaftsland als Biotreibstoff, um ihre artfremde Transportleistung zu erbringen. Damit erzeugten sie pro Hektare Land weniger Milch – aber immerhin mehr als die Zugpferde des reicheren Bauern nebenan. Der energetische Wirkungsgrad von körperlich hart arbeitenden Menschen ist ebenfalls nicht optimal, weil viel und zum Teil hochwertige Nahrung als Abwärme und Schweiss verpufft. Darum produzierten die vier Personen und acht Grossvieh-Einheiten (sechs Kühe plus Kälber und Schweine) im grosselterlichen Betrieb pro Hektare Land weniger Milch und Fleisch als konventionelle Bauernbetriebe heute, die ihren Hektarertrag mit Landmaschinen, Kunstdünger und Chemie mehren.

1950 war der Boden in der Schweiz noch billig. Die mit Bioenergie ernährten Kühe kosteten damals weniger als Traktoren und andere Landmaschinen, die Benzin oder Dieseltreibstoff verbrennen. Mangelhafte Effizienz kompensierten meine Grosseltern mit Suffizienz: Sie und ihre Kinder lebten bescheiden, und als Bauern produzierten sie nur Lebensnotwendiges, nämlich Grundnahrung.

Heute hingegen kann es sich kaum ein Bauer mehr leisten, mit Körperkraft zu mähen oder mit Kuhgespann zu pflügen, und er muss das auch nicht tun. Denn gemessen an der Kaufkraft sind Arbeit und Böden in den letzten sechzig Jahren teurer, Traktoren und Erdöl hingegen günstiger geworden. Davon profitiert auch die übrige Bevölkerung: Obwohl eine Person in der Schweiz heute fünf Mal mehr Energiesklaven beschäftigt als 1950, ist der Anteil der Energie an unseren Lebenshaltungs-Kosten gesunken. So kostet ein Energiesklave in Form von Erdöl oder Atomstrom heute 100 bis 200 Franken pro Jahr. Das ist weniger, als hierzulande allein die Nahrung für einen Menschen pro Monat kostet (siehe Exkurs auf Seite 28: «Wie sich die Zahl der Energiesklaven berechnen lässt»).

Die Energieknechte nehmen Bauern und Kühen harte Arbeit ab. Aber nicht nur ihnen: Energie ist der Motor unserer Wirtschaft und unseres Wohlstandes. Ohne Fremdenergie stünden alle Maschinen, Computer und die meisten Fahrzeuge still. Die Nutzung von Energie, welche die menschlichen Kräfte übersteigt, ist ein Segen. Zum Fluch wird sie, weil wir zu viel davon verschwenden, sei es für unnötige Dinge oder für ineffiziente Anwendungen.

Energie ist zu billig

Die Verschwendung wiederum rührt daher, dass die wertvolle aber nicht nachwachsende Energie zu billig ist. Denn keine Buchhaltung erfasst den Verlust an Erdöl und andern Bodenschätzen, den unser Raubbau jährlich bewirkt. Zudem missachten die heutigen Preise die Kosten, welche die Abfälle in Form von Atommüll, CO_2-Emissionen oder Elektroschrott verursachen.

Diese nicht gedeckten Kosten, die wir heute sozialisieren oder auf nächste Generationen abwälzen, müssen allen Energieverbrauchern verursachergerecht verrechnet werden. Das ist die erste Anforderung, welche die Politik erfüllen muss, um die Wende zu einer welt- und schweizverträglichen Energieversorgung einzuleiten. Das ideale Mittel dazu ist eine Lenkungsabgabe. Damit lassen sich die nicht gedeckten Kosten, die der wachsende Energiekonsum verursacht, ins wirtschaftliche Preissystem integrieren.

Ich kenne den Einwand: Wenn Energie knapp wird, verteuert der freie Markt sie automatisch. Das stimmt, aber nur vorübergehend: In den Jahren 2007 und 2008 zum Beispiel explodierten die Preise auf dem Öl- und Strommarkt, weil das Angebot der steigenden Nachfrage kurzfristig nicht mehr folgen konnte. Aber 2009 brachen die Preise wieder ein, weil die Produzenten ihre Fördermengen und Kraftwerkkapazitäten erhöhten, und weil die Nachfrage rezessionsbedingt abnahm. Das Gleiche geschah schon Anfang der 1980er-Jahre, als die

Ölpreise temporär stiegen, danach aber wieder in den Keller sausten und dort bis Ende der 1990er-Jahre verharrten.

Die Beispiele belegen: Die Preise auf dem Energiemarkt reagieren vor allem auf *kurzfristige* Engpässe oder Überschüsse. Dieser Markt aber ist verfälscht. Denn er lässt ausser Acht, dass die riesigen Vorräte an Erdöl, Erdgas, Uran und Kohle langsam aufgebraucht werden und irgendwann versiegen. Auch die Risiken des Atommülls oder die Kosten des Klimawandels, den spätere Generationen (er-)tragen müssen, finden in den heutigen Marktpreisen keinen Niederschlag. Aus diesem Grund muss der unvollkommene Markt reguliert und ergänzt werden mit Lenkungsabgaben, die dem *langfristig* schrumpfenden Energieangebot und den Umweltschäden Rechnung tragen.

Diese Einsicht ist nicht neu. Um den Verfassungsartikel zum Umweltschutz umzusetzen, postuliert eine Expertenkommission, präsidiert vom CVP-Politiker Leo Schürmann, schon 1973 die Einführung von Abgaben. Dieser und spätere Vorschläge für Energie- und Umweltabgaben scheiterten aber am Widerstand der Wirtschaftsverbände. Denn diese setzten stets auf billige Energie, um das Wachstum der Wirtschaft zu fördern.

Mit Abgabe umlenken

Trotz Niederlagen in der Vergangenheit nehme ich einen neuen Anlauf. Mein Vorschlag, den ich auf den folgenden Seiten skizziere, stützt sich auf frühere Modelle, insbesondere auf das 1992 veröffentliche Buch «Ökologische Steuerreform» von Samuel Mauch, Rolf Iten und Mitautoren. Mein Konzept einer variablen Abgabe trägt aber neueren Entwicklungen und den Widerständen Rechnung, die eine ökologische Steuerreform bisher verhinderten. Der Reihe nach:

Die Lenkungsabgabe soll in erster Linie auf nicht nachwachsender Primärenergie, also auf Kohle, Erdöl, Erdgas und Uran erhoben werden. Sofern die Umwandlung von Primär- zu Endenergie in ausländischen Kraftwerken oder Raffinerien erfolgt, sind die importierten Produkte zu belasten, also Elektrizität, Benzin, Diesel etc. Das Inkasso kann die Zollverwaltung übernehmen. Der bürokratische Aufwand dafür ist gering, weil heute alle nicht erneuerbare Primär- und Endenergie importiert wird.

Die Höhe der Abgabe bemisst sich in erster Linie am Energiegehalt, zum Beispiel in Rappen pro Kilowattstunde (kWh). Die Ansätze können zusätzlich differenziert werden, je nach Wert (Energiedichte) oder Knappheit des Energieträgers. Auch unterschiedliche Umwelt- und Klimaschäden sowie Risiken, die der Einsatz der einzelnen Energiearten verursacht, lassen sich bei der Festlegung der Abgabe berücksichtigen. In zweiter Linie sollen auch erneuerbare Energiequellen mit einer – differenzierten – Abgabe erfasst werden, soweit ihre Nutzung die Umwelt belastet.

Damit sie den Energietrend wenden kann, muss eine Lenkungsabgabe möglichst hoch sein. Doch eine sofortige massive Erhöhung der Energiekosten würde die bisherigen wirtschaftlichen und sozialen Strukturen schockartig verändern. Um der Wirtschaft, Hausbesitzern und Haushalten genügend Zeit zur Umstellung zu geben, empfehle ich, die Abgabe anfänglich tief anzusetzen und danach stufenweise und langfristig voraussehbar zu erhöhen.

Dazu ein Zahlenbeispiel: Die Abgabe startet im ersten Jahr mit einem Ansatz von nur zwei Rappen pro kWh Primärenergie. Atomstrom mit einem Umwandlungsverlust von zwei Dritteln würde damit pro kWh um sechs Rappen teurer, ein Liter Rohöl um zwanzig Rappen. Das ist verkraftbar. Danach liesse sich die Abgabe jährlich um zehn Prozent steigern. Das ergäbe eine Verdoppelung der Abgabe im 8. Jahr, eine Vervierfachung im 15. und eine Verachtfachung im 22. Jahr, usw. Die Lenkungsabgabe wird so lange erhoben und erhöht, bis der Verbrauch der Energie und des CO_2-Ausstosses auf die in der Energiestrategie angestrebten Zielwerte sinkt. Oder bis der Umstieg auf erneuerbare Energieträger rentabel wird.

Abgabe mit Markt koppeln

Die voraussehbar steigende Abgabe ist das eine Element, das den Energiepreis bestimmt. Als zweites Element bleibt der nicht regulierte Marktpreis. Dieser kann und soll sich weiterhin frei bilden, um kurzfristige Zu- und Abnahmen von Angebot und Nachfrage auszugleichen. Um die damit verursachten Schwankungen des gesamten Energiepreises (Marktpreis plus Abgabe) zu glätten, kann die steigende Lenkungsabgabe variabel gestaltet respektive mit dem Marktpreis verknüpft werden. Dies soll aber nur einseitig geschehen, nämlich als Begrenzung nach oben, um eine Kumulation von voraussehbar steigender Energieabgabe und kurzfristig explodierendem Marktpreis abzufedern.

Zur Illustration nochmals unser Zahlenbeispiel, angewendet auf den Ölmarkt: Ein Liter (10 kWh) Rohöl kostete Anfang 2013 an der Rotterdamer Rohstoffbörse (umgerechnet) rund 70 Rappen. Die oben beschriebene Energieabgabe wird 2015 eingeführt. In diesem ersten Jahr würde sie den Marktpreis für Rohöl um 20 Rappen pro Liter erhöhen, im achten Jahr um 40 Rappen, im 15. Jahr um 80 Rappen, usw. Bei gleichbleibendem Börsenpreis stiegen die Gesamtpreise pro Liter Rohöl damit auf 90 Rappen im Jahr 2015, auf 110 Rappen im Jahr 2022 und auf 150 Rappen im Jahr 2029.

Falls die reinen Marktpreise über den skizzierten Preispfad steigen (also höher sind als der Marktpreis von 2013 plus die steigende Energieabgabe), wird keine Energieabgabe erhoben. In solchen Zeiten gälte also der steigende Marktpreis. In jenen Jahren hingegen, in denen der reine Marktpreis unter die Schwelle von 70 Rappen pro Liter Öl im Ausgangsjahr 2015 fällt, zählt der erwähnte Preispfad (70 Rappen Ausgangspreis plus steigende Abgabe).

Das Ziel dieser einseitigen Verknüpfung: Die variable Lenkungsabgabe soll das Erdöl langfristig voraussehbar verteuern, selbst wenn die Marktpreise vorübergehend einbrechen. Sie soll aber verhindern, dass kurzfristig massive Preisaufschläge durch die Energieabgabe noch verstärkt werden und damit den Preisschock zusätzlich verschärfen. Das Gleiche variable Prinzip soll auch für alle anderen Energieträger gelten.

Öko-Steuerertrag zurückerstatten

Schon eine anfänglich tiefe Abgabe von zwei Rappen pro Kilowattstunde Primärenergie brächte einen Jahresertrag von rund sieben Milliarden Franken; dies beim heutigen Schweizer Energieverbrauch. Die stufenweise Erhöhung der Abgabe würde den Ertrag anfänglich weiter erhöhen, obwohl die Abgabe einen Rückgang des Energiekonsums bewirken wird. Damit stellt sich die Frage: Wohin mit dem hohen und wachsenden Ertrag?

Lenkungsabgaben dürfen keine Steuern sein, welche die Staatseinnahmen erhöhen. Deshalb müssen Energie- oder andere Umweltabgaben entweder kompensiert werden, indem man andere Steuern oder Sozialabgaben wie etwa jene für die AHV senkt. Damit wird die Lenkungsabgabe zur ökologischen Steuerreform ausgeweitet. Eine solche Kompensations-Lösung fordert etwa die Grünliberale Partei mit ihrer Volksinitiative «Energie- statt Mehrwertsteuer». Damit greift die

GLP auf ein Modell zurück, das der Ökonom Elmar Ledergerber schon 1986 nach der Atomkatastrophe in von Tschernobyl vorschlug, um den Atomausstieg mit dem Klimaschutz zu verknüpfen.

Diese Kompensation hat jedoch zwei Nachteile. Erstens vermischt sie das Lenkungsziel der Energieabgabe mit dem Finanzierungsziel, das der Staat mit der Mehrwert- und andern Steuern verfolgt. Das Problem: Wenn die Energieabgabe wie erwünscht wirkt, sinkt der Energieverbrauch und langfristig der Ertrag der Energieabgabe. Damit aber kann der Bund sein Finanzierungsziel nicht mehr erfüllen. Zweitens kann man sich ewig darüber streiten, welche andere Steuer kompensiert werden soll. Die Rechtsparteien, die eine Energieabgabe ohnehin ablehnen, wünschen eine Kompensation bei der direkten Bundessteuer, um die hohen Einkommen zu entlasten. Die Linken hingegen bevorzugen eine Kompensation bei AHV oder Krankenkassenprämien, was Leute mit tiefem Einkommen bevorteilt. Die Kompensations-Frage schafft also zusätzliche Angriffsfläche gegen ein Instrument, das ohnehin angefochten wird.

Aus diesen Gründen bevorzuge ich das Rückerstattungs-Modell. Konkret: Die Einnahmen aus der Energie-Lenkungsabgabe werden pro Kopf und pro Arbeitsplatz an Konsumenten und Unternehmen zurückerstattet. Das bewirkt, dass diejenigen, die mehr Energie als der Durchschnitt verbrauchen, finanziell bestraft werden. Wer hingegen weniger braucht, wird unter dem Strich belohnt. Je höher die Lenkungsabgabe steigt, desto stärker wirken sich diese Öko-Bonus und Öko-Malus aus. Das Rückverteilungs-Modell fördert nebenbei auch den sozialen Ausgleich, weil ärmere Leute in der Regel weniger Energie verbrauchen als Reiche mit grossen Villen und übermotorisierten Limousinen. Kommt dazu: Diese Art von Rückverteilung ist in der Schweiz bereits eingeführt: So wird ein Teil des Ertrags aus der – allerdings mickrigen – CO_2-Abgabe auf fossilen Brennstoffen heute pro Kopf und Arbeitsplatz zurückerstattet.

Ein Instrument mit vielen Vorteilen

Die meisten Wirtschaftswissenschafter sind sich einig: Lenkungsabgaben stellen ein marktkonformes Instrument dar, sofern ihr Ertrag nicht dazu missbraucht wird, die Staatseinnahmen zu erhöhen. Mit der Abgabe auf Energie oder andern Naturgütern lassen sich die Kosten des Naturverbrauchs auf einfache Art in die Marktwirtschaft integrieren und den Verursachern gerecht anlasten. Als Instrument in der Energiepolitik sind Lenkungsabgaben effizient und unbürokratisch. Sie können bestehende Förderabgaben und Subventionen ersetzen, und das ist gut so. Denn Techniken oder Energieträger, die der Staat heute fördert, können morgen in einer Sackgasse enden. Das droht zum Beispiel dann, wenn ein subventionierter Energieträger nicht hält, was er versprach. Oder wenn neue Erfindungen bisher geförderte Technologien wertlos machen.

Der wichtigste Vorteil: Lenkungsabgaben lassen der Wirtschaft und den Haushalten *die Wahl*, wie sie auf die Erhöhung der Preise für nicht nachwachsende Energie reagieren wollen: Entweder mit Investitionen zur Steigerung der Energieeffizienz. Oder mit dem Umstieg auf erneuerbare Energieträger. Oder mit Suffizienz, also einem genügsameren Verhalten. Jede dieser Reaktionen bringt uns dem Ziel näher. Wie stark sich dabei genügsameres Verhalten auswirken kann, zeigen Erhebungen über den Elektrizitätsverbrauch: Sparsame Haushalte kommen mit einem Drittel der Strommenge aus, die vergleichbare, aber prasserische Haushalte konsumieren.

Suffizientes Verhalten ist in der aktuellen Vorlage des Bundesrates nicht vorgesehen, obwohl dieses in vielen Fällen effektiver ist als Effizienz. Beispiel: Effizient ist es, die Beleuchtung von Fassaden auf Led-Lampen umzustellen, die pro kWh Energiebedarf mehr Licht liefern. Effektiver aber ist es, die unnötige Beleuchtung von Fassaden zu unterlassen. Ähnlich verhält es sich beim Transport: Wer von einem konventionellen Benzin- auf ein modernes Hybrid- oder Elektroauto umsteigt, kann den Spritverbrauch halbieren. Effektiver aber ist der Umstieg vom Hybrid-Auto aufs Elektrovelo, denn damit sinkt der primäre Energieverbrauch bei gleicher Distanz auf einen kleinen Bruchteil.

Fahrplan ändern

Die Vorzüge einer Lenkungsabgabe erkennen auch Mitglieder der Landesregierung, allen voran Finanzministerin Eveline Widmer-Schlumpf. Schon im Jahr 2011 schlug sie dem Bundesrat eine ökologische Steuerreform vor, die auf einer Energieabgabe basiert. Doch im Bundesrat stiess ihr Vorschlag auf Widerstand. Energieministerin Doris Leuthard bekannte damals öffentlich: «Ich bin skeptisch gegenüber Lenkungsabgaben.»

Ihre Skepsis teilte die Mehrheit des Bundesrates. Darum fehlt in der aktuellen Vorlage, ausgearbeitet von Leuthards Energiedepartement, die Lenkungsabgabe.

Die Begründung: Zuerst soll die Schweiz ihre bisherige Energiepolitik mit Vorschriften, Förderabgaben, Subventionen und einer bescheidenen, auf Brennstoffe begrenzten CO_2-Abgabe weiterführen und verstärken. Erst «für die Zeit nach 2020» wird in einer zweiten Etappe «eine Energieabgabe auf sämtliche Energieträger mit Rückerstattung an Wirtschaft und Bevölkerung geprüft», schreibt der Bundesrat in seinem Bericht und fährt fort: «Der Übergang vom bestehenden Förder- hin zu einem Lenkungssystem soll fliessend und innerhalb einer vertretbaren Übergangsfrist stattfinden.»

Mit diesem Fahrplan behält der Bundesrat den unvollkommenen Spatz in der Hand und hofft, dass er im Parlament möglichst wenig Federn lassen muss. Die Taube hingegen reicht er an seine Nachfolgerinnen und Nachfolger weiter. Aus realpolitischer Sicht mag dieser Entscheid richtig sein, wenn man bedenkt, dass in den letzten Jahrzehnten alle Vorschläge für Lenkungsabgaben versandet oder am Widerstand der Wirtschaft gescheitert sind.

Sachlich hingegen ist dieser Fahrplan verkehrt. Denn eine Lenkungsabgabe reizt automatisch zum Energiesparen an. Sie kann damit Förderabgaben, Subventionen, Förderprogramme und Steuerabzüge weitgehend ersetzen. Konkret: Wenn die Preise aller Energieträger voraussehbar steigen, braucht der Staat Hausbesitzer nicht mehr zu subventionieren, damit sie ihre Gebäude energetisch sanieren. Und wenn die Energieabgabe nicht nachwachsende Energieträger stärker belastet, erfolgt automatisch ein Umstieg auf den ökologisch optimalen Energiemix. Diese Energie-Lenkungsabgabe kann die teilweise Zweckbindung der CO_2-Abgabe ebenso ablösen wie die Kostendeckende Einspeiseverfügung (KEV) – und damit auch den Streit über die Verteilung der Subventionen und die damit verbundenen Fehlanreize beenden. Subventionen gäbe es damit nur noch für Forschung, innovative Pilotanlagen sowie die dringend notwendige Aus- und Weiterbildung der in den Cleantech-Branchen tätigen Leute. Denn je ausgefeilter die Technik ist, desto stärker wirken sich Fehler beim Einbau und der Anwendung dieser Technik aus.

Lenkungsabgaben auf Energie dürfen darum nicht Nachzügler sein, sondern müssten die Grundlage der Energiestrategie bilden, auf die sich alle weiteren Massnahmen ausrichten. Kurzum, ich wiederhole hier eine Meinung, die ich seit über zwanzig Jahren verkünde: Damit die Energiewende gelingt, muss die Schweiz in erster Linie und möglichst schnell eine umfassende Lenkungsabgabe auf Energie einführen.

Ohne weitere Mittel geht's nicht

Wenn ich die Lenkungsabgabe als Grundlage postuliere, so heisst das allerdings nicht, dass alle andern Mittel überflüssig werden. Denn die Abgabe wirkt allein über das Portemonnaie. Nicht alle Konsumentinnen und Konsumenten aber wollen oder können sich in allen Bereichen ökonomisch richtig verhalten. Der Gütertransport zum Beispiel reagiert auf Preissignale stärker als der private Personenverkehr. Betriebswirtschaftlich geführte Unternehmen reagieren auf finanzielle Anreize empfindlicher als Privatpersonen mit dickem Portemonnaie. Ein mehrfacher Millionär kann und wird sich ein übergewichtiges, übermotorisiertes und damit ineffizientes Auto weiterhin leisten, selbst wenn die Lenkungsabgabe das Benzin langfristig auf fünf Franken pro Liter verteuert. Auf der andern Seite können Mieterinnen und Mieter ihre Energiekosten nur bedingt beeinflussen.

Aus diesen Gründen soll die grob steuernde Lenkungsabgabe ergänzt werden durch einige Gebote und Verbote sowie weitere feinsteuernde Mittel. Diese Mittel, die der Bundesrat in seiner Vorlage vorschlägt, habe ich im 4. Kapitel vorgestellt und im 5. Kapitel bewertet. Auch nach der Einführung einer Energie-Lenkungsabgabe bleiben insbesondere folgende Mittel notwendig:

- Verbrauchsvorschriften für neue Geräte, Anlagen und Fahrzeuge. Grund: Diese Mittel sind bereits eingeführt, sind billig, lassen sich schnell anpassen und zwingen die Hersteller, den Stand der besten Technik umzusetzen.

- Energievorschriften für neue Gebäude. Diese Normen sind besonders wichtig, weil die Lebensdauer von Bauten länger ist als jene von Computern oder Autos. Der Ansatz, den Energieverbrauch pro Quadratmeter beheizte oder gekühlte Fläche zu begrenzen, ist und bleibt richtig. Damit bleibt für Forscher, Architekten und Techniker viel Spielraum, um innovative Techniken zu nutzen und die Vorgaben technisch und ökonomisch produktiv umzusetzen, ohne dass der Staat eine bestimmte Technik vorschreiben muss.

Strom als Spezialfall

Mit seiner Strategie bezweckt der Bundesrat, den gesamten Verbrauch von Endenergie pro Kopf bis zum Jahr 2050 zu halbieren. Dieses Ziel wird realistisch, wenn die Verbrauchsvorschriften und die weiteren Mittel der bundesrätlichen Vorlage (1. Etappe) ergänzt werden mit einer Lenkungsabgabe, die auch ein genügsameres Verhalten finanziell belohnt. Gleichzeitig rechnet der Bundesrat aber damit, dass der Stromverbrauch seinen Anteil am Energieverbrauch weiter erhöht, weil die hochwertige Elektrizität andere Energieträger substituieren kann. Das heisst: Die Effizienzsteigerung beim Strom würde weitgehend neutralisiert durch mehr Stromanwendungen in den Bereichen Wärme (Wärmepumpen) und Mobilität (Elektrofahrzeuge).

In der Stromversorgung entsteht damit ein besonderes Problem: Wenn die alten Atomkraftwerke in Etappen abgeschaltet werden, sinkt die inländische Stromproduktion langfristig um annähernd vierzig Prozent pro Jahr. Diesen wegfallende Atomstrom (minus 25 Mrd. kWh/Jahr) will der Bundesrat, wie schon im 4. Kapitel erwähnt, bis zum Jahr 2050 vor allem mit Elektrizität aus neuer erneuerbarer Energie (plus 24 Mrd. kWh) ersetzen. Die Hälfte davon soll auf Fotovoltaik entfallen, die andere Hälfte auf Wind- und Biomasse-Kraftwerke sowie die Verstromung von Erdwärme (Geothermie).

Gefälle Winter-Sommer ausgleichen

Im Sommerhalbjahr allein vermindert der Atomausstieg die Stromproduktion im Inland um rund einen Drittel. Dieser Wegfall lässt sich relativ einfach kompensieren, weil die Schweiz im Sommer schon heute weniger Strom verbraucht, als im Inland produziert wird. Um den Sommerbedarf künftig zu decken, genügt es, wenn die bestehenden Wasserkraftwerke (Lauf- plus Speicherwerke) ergänzt werden mit einigen Wind- und Biomassekraftwerken und einem optimalen Zubau an Fotovoltaik-Anlagen (siehe Exkurs auf Seite 114: «Solarstrom optimieren statt maximieren»).

Im Winterhalbjahr hingegen verbraucht die Schweiz bereits mehr Strom als sie erzeugt. In diesen sechs kalten Monaten vermindert der Atomausstieg die inländische Stromproduktion um annähernd die Hälfte und damit viel stärker als im Sommer (siehe Grafik auf Seite 135: «Überfluss im Sommer, Mangel im Winter»). Solaranlagen, die einen wesentlichen Anteil des Atomstroms ersetzen sollen, erzeugen aber über zwei Drittel ihres Stroms im Sommerhalbjahr. Auch die subventionierten kleinen Wasserkraftwerke produzieren vorwiegend im Sommer. Resultat: Die Produktionsstrategie des Bundesrates sowie der Umweltverbände, die zu hundert Prozent auf erneuerbaren Strom setzt, verstärkt das Ungleichgewicht: Im Winterhalbjahr bleibt der Strommangel bestehen. Im

Sommerhalbjahr hingegen steigt die Stromflut; dies speziell in sonnigen Mittagsstunden. Um diese Diskrepanz auszugleichen, gibt es zwei unbefriedigende Möglichkeiten:

1. Die Schweiz muss im Sommer mehr Strom billig exportieren und im Winter viel mehr und teureren Strom importieren. Mehr Stromimport aber trübt die Schweizer Klimabilanz. Denn die Hälfte des Stroms in Europa wird in Kohle- und Gaskraftwerken produziert und verursacht hohe CO_2-Emissionen. Zudem erfordert die Steigerung des weiträumigen Stromtransports zusätzliche Höchstspannungs-Leitungen. Dabei stösst schon der heute als «dringlich» geforderte Ausbau des Stromnetzes auf viel Widerstand.

2. Die Schweiz kann ihre Stromproduktion im Winter erhöhen, indem sie im Inland Gaskraftwerke baut oder zusätzliche Stauseen, die Sommerwasser speichern und im Winter verstromen. Gegen Gaskraftwerke wehren sich Linksparteien und Umweltverbände ebenso wie AKW-Befürworter. Zusätzliche grosse Stauseen, die sich als Saisonspeicher eignen, sind teuer und werden von Natur- und Landschaftsschützern bekämpft; aus diesem Grund haben die meisten Stromfirmen entsprechende Pläne längst begraben. Dazu kommt: Gaskraftwerke, die nur im Winter gebraucht werden, rentieren weniger gut als Gaskraftwerke, die rund um die Uhr Strom produzieren. Ohne Zwang oder hohe Subventionen werden darum Schweizer Stromfirmen keine grossen Gaskraftwerke im Inland bauen.

Bleibt die Hoffnung auf bessere Batterien oder andere Innovationen in der Speichertechnik. Oder auf Smart-Grids. Damit sowie mit den Pumpspeicher-Kraftwerken lassen sich aber nur kurzfristige Schwankungen zwischen Angebot und Nachfrage glätten. Das Gefälle im saisonalen Ausgleich zwischen Sommer und Winter hingegen bleibt bestehen und wird zum zentralen Knackpunkt der Energiewende. Wird dieses Problem nicht gelöst, steigt das Risiko, dass sich das im 2. Kapitel beschriebene «Wurstel-Szenario» durchsetzt.

Um dieses Fiasko abzuwenden, gibt es einen dritten Weg: Die Senkung des Stromverbrauchs speziell im Winterhalbjahr, verbunden mit einem gemässigten Ausbau der fossilen Wärmekraft-Kopplung (WKK).

Rückzug im Wärmemarkt

Im Winterhalbjahr verbrauchen wir nicht nur mehr Strom. Der winterliche Verbrauch ist in den letzten Jahrzehnten auch stärker gewachsen als im Sommer. Grund: Ab Mitte der 1960er-Jahre expandierte die Strombranche zunehmend in den vom Heizöl beherrschten Wärmemarkt, zuerst mit der Förderung von Elektro-Speicherheizungen, später und bis heute mit der Förderung von Elektro-Wärmepumpen. Wärmepumpen brauchen für die gleiche Heizleistung zwar nur ein Drittel bis halb soviel Elektrizität wie Elektroheizungen, weil sie Umgebungswärme mitnutzen. Sie gelten damit als effizient und umweltfreundlich.

Doch wenn der Strom für Wärmepumpen aus Atom- oder Kohlekraftwerken stammt, in denen hohe Umwandlungsverluste entstehen, ist die Energie- und Umweltbilanz von Wärmepumpen nicht besser als diejenige von konventionellen Öl- und Gasheizungen. Elektrizität aus erneuerbarer einheimischer Energie hingegen steht für Wärmepumpen nicht zur Verfügung, weil die Schweiz im Winterhalbjahr wie erwähnt weniger Strom aus erneuerbaren Quellen erzeugt.

Damit bleibt nur eins: Der Ausstieg aus der Atomenergie muss einhergehen mit dem Rückzug des Energieträgers Strom aus dem Wärmemarkt. Dazu dient erstens ein Verbot von neuen Elektroheizungen; ein solches Verbot fordern die kantonale Energiedirektoren in ihren Mustervorschriften, doch viele Kantone setzen dieses nicht oder nur teilweise um. Zweitens gilt es, die Expansion der Elektro-Wärmepumpen zu begrenzen, zum Beispiel auf kleine Gebäude in Gebieten ohne Gasversorgung. Allein mit diesem Rückzug aus dem Wärmemarkt liesse sich die Stromproduktion des Atomkraftwerks Gösgen im Winterhalbjahr einsparen. Der Anteil von «Gösgen» an der heutigen Schweizer Atomstrom-Produktion beträgt immerhin 30 Prozent.

Förderung von WKK-Anlagen

Der Rückzug der Elektrizität aus dem Wärmemarkt hilft, aber er reicht allein kaum aus, um die Nachfrage und das Angebot auszugleichen. Es braucht also zusätzliche Produktion von Strom im Winterhalbjahr. Einen kleinen Beitrag dazu können neue Holz- und Windkraftwerke leisten. Als Mittel, um die verbleibende Lücke zwischen Angebot und Nachfrage zu stopfen, bieten sich dezentrale Anlagen an, die aus fossiler Energie (vorab Erdgas) gleichzeitig Wärme und Strom produzieren.

Das Potenzial für solche WKK-Anlagen ist riesengross, weiss Energiefachmann Heini Glauser und rechnet in seinen Expertisen vor: In der Schweiz erreichen jährlich 50 000 Heizkessel, die mit Heizöl oder Gas betrieben werden, das Ende ihrer Betriebsdauer. Wenn ein Fünftel davon mit WKK-Anlagen ersetzt wird, liesse sich damit die elektrische Leistung der Wärmekraft-Kopplung in zehn Jahren um ein Gigawatt erhöhen. Allein damit könnte die Schweiz ein weiteres AKW der «Gösgen»-Klasse im Winter ersetzen und so den Atomausstieg beschleunigen.

Die Stromproduktion in kleinen dezentralen Kraftwerken ist in der Regel teurer als in zentralen Grosskraftwerken. Doch die Transportkosten sind kleiner, wenn der Strom, sei es aus Solar- oder WKK-Anlagen, möglichst nachfragegerecht ins Niederspannungsnetz eingespeist wird. Die teilweise Dezentralisierung der Stromproduktion kann damit Milliarden an Netzinvestitionen ersparen. Dem ist bei der Entschädigung Rechnung zu tragen: Wenn Betreiber von kleinen und mittleren Solar- und WKK-Anlagen den Strom zum gleichen Preis absetzen können, den sie für den Bezug des Stroms auf der gleichen Netzebene bezahlen, so braucht es dafür mittelfristig keine Subventionen mehr.

Gegen die dezentrale WKK-Strategie gibt es allerdings Einwände, dies sowohl von Umweltverbänden als auch aus der Stromwirtschaft:

- Die meisten Umweltverbände streben eine hundert Prozent erneuerbare Stromversorgung an und wollen die wachsende inländische Versorgungslücke im Winterhalbjahr mit importiertem Windstrom aus Nordeuropa decken. Diese Strategie hat allerdings zwei Haken: Damit der unregelmässig produzierte Windstrom aus Nordeuropa zur Schweizer Stromversorgung beitragen kann, braucht es einen massiven Ausbau der europäischen Stromautobahnen und zusätzliche Speicherkapazitäten. Zweitens ist zu unterscheiden zwischen buchhalterischem und physikalischem Stromfluss: Physikalisch stammt rund die Hälfte des in die Schweiz importierten Stroms aus Atom-, Kohle- und Gaskraftwerken. Im Vergleich zur Stromproduktion in gasbetriebenen WKK-Anlagen verursacht der importierte physikalische Strommix annähernd doppelt so viel CO_2-Ausstoss, sagt Heini Glauser. Schreibt man hingegen den CO_2-freien Windstrom, den die Schweiz im Handel kauft, der Schweizer Strombuchhaltung gut, so verbessert sich buchhalterisch die nationale CO_2- und Atommüll-Bilanz. Doch weil dieser Windstrom dann im übrigen Europa fehlt, fällt die ausländische Bilanz entsprechend schlechter aus.

- Grosse Schweizer Stromunternehmen bevorzugen zentrale Gaskombi-Kraftwerke gegenüber dezentralen WKK-Anlagen, weil dezentrale Anlagen nicht in ihr Geschäftsfeld passen. Dazu führen sie zwei Argumente ins Feld: Gaskombi-Kraftwerke haben einen Wirkungsgrad von rund sechzig Prozent, wandeln also sechzig Prozent des Erdgases in Strom um. Wenn nun dieser Strom in effizienten Wärmepumpen eingesetzt wird, die mit einem Teil Strom und zwei Teilen Umweltwärme Häuser heizen, so steigt der gesamte Wirkungsgrad dieser Gaskombi-Wärmepumpen-Kette auf weit über hundert Prozent. WKK-Anlagen hingegen produzieren mit hundert Prozent Erdgas maximal vierzig Prozent Strom und sechzig Prozent Raumwärme; ihr Wirkungsgrad liegt also bei hundert Prozent oder leicht darunter. Diese Rechnung stimmt, aber sie lässt zwei Probleme ausser Acht: Erstens stösst der Bau von grossen inländischen Gaskraftwerken auf starken Widerstand. Zweitens kann der Strom aus Gaskraftwerken, der in zusätzlichen Wärmepumpen effizient verheizt wird, keinen Beitrag leisten, um die schon bestehende winterliche Stromlücke zu decken, geschweige denn die riesige Lücke, die sich nach dem Ausstieg aus der Atomenergie öffnet.

Fazit: Der kombinierte, aber gemässigte Zubau von dezentralen WKK- und Solarstrom-Anlagen bietet eine optimale Lösung, um die Atomenergie zu ersetzen und das Sommer-Winter-Gefälle in der Schweizer Stromversorgung auszugleichen. Denn in den Sektoren Verkehr, Raumwärme, Industrie und Gewerbe kann die Schweiz viel mehr fossile Energie einsparen, als zusätzliche effiziente WKK-Anlagen benötigen. Unter dem Strich resultiert trotz zusätzlicher WKK-Anlagen ein deutlicher Rückgang der CO_2-Emissionen.

Das Wichtigste zusammengefasst

In Kenntnis aller Informationen, Argumente und Gegenargumente, die ich in diesem Buch ausgebreitet habe, plädiere ich für folgende Wende der Schweizer Energieversorgung:

- Die Zahl der Energiesklaven insgesamt, die wir im Inland beschäftigen, ist mindestens zu halbieren. Dieses Minimalziel deckt sich weitgehend mit dem Ziel des Bundesrates, den Verbrauch von Endenergie pro Person bis zum Jahr 2050 auf die Hälfte des Niveaus im Jahr 2000 zu senken. Dieser verbleibende *Gesamtenergie-Verbrauch* soll bis 2035 mindestens zur Hälfte, bis 2050 zu achtzig Prozent mit erneuerbarer Energie gedeckt werden. Eine zu achzig Prozent erneuerbare Energieversorgung ist besser als eine hundert Prozent erneuerbare Stromversorgung.

- Als grundlegendes Instrument, um dieses Energieziel zu erreichen, soll die Schweiz möglichst schnell eine *variable Lenkungsabgabe* auf allen Energieträgern einführen; ein Modell dazu habe ich im ersten Teil dieses Kapitels beschrieben. Diese Lenkungsabgabe wirkt über den Preis. Sie bietet Anreiz und Freiheit, Energie effizienter einzusetzen, auf erneuerbare Energieträger umzusteigen oder durch persönliches Verhalten weniger Energie zu konsumieren. Das Potenzial dazu ist vor allem im Verkehr sehr gross, wenn wir nicht nur die Effizenz der Motoren erhöhen, sondern auch die mobilen Verpackungen verkleinern (siehe Exkurs auf Seite 29: «Energiesklaven unter der Motorhaube»).

- Weil nicht alle Energieverbraucher auf Preissignale gleich stark reagieren, ist die Energieabgabe zu flankieren mit *Vorschriften*, die den Energieverbrauch von neuen Anlagen, Geräten, Gebäuden und Fahrzeugen begrenzen. Diese Mittel habe ich im 5. Kapitel bewertet.

- Die Zahl der Energiesklaven im *Bereich Elektrizität* darf gegenüber heute nicht mehr weiter steigen und muss langfristig ebenfalls sinken. Das bedeutet: Zusätzliche Stromanwendungen sowie der zusätzliche Stromverlust, den neue Pumpspeicher-Kraftwerke verursachen, ist zu kompensieren. Das ist möglich, wenn wir auch den Strom mittels variabler Lenkungsabgabe verteuern, die Stromeffizienz von neuen Geräten und Anlagen massiv steigern, Leerlauf vermindern und unsinnige Stromanwendungen unterlassen.

- Im *Jahresdurchschnitt* soll die Schweiz auch nach dem Atomausstieg im Jahresmittel etwa gleich viel Strom produzieren wie verbrauchen. Importe und Exporte von Elektrizität sollen also primär dazu dienen, kurzfristige Schwankungen zwischen Angebot und Nachfrage im nationalen und europäischen Stromnetz auszugleichen.

- Innerhalb der *Jahreszeiten* ist ebenfalls eine ausgeglichene inländische Strombilanz anzustreben. Im Sommerhalbjahr ist dieses Ziel primär mit einem optimalen Ausbau der Produktion von Solarstrom anzustreben (siehe Exkurs auf Seite 114: «Solarstrom optimieren statt maximieren»). Die zusätzliche Nutzung von Biomasse, Wind- und Wasserkraft darf den Natur- und Landschaftsschutz nicht schmälern. Eine ausgeglichene Strombilanz im Winterhalbjahr erfordert in erster Linie Gebäudesanierungen sowie einen Rückzug der Elektrizität im Wärmebereich; dies durch ein Verbot von Elektroheizung und eine Begrenzung der Wärmepumpen. Auf der andern Seite ist ein Ausbau der Stromproduktion mittels fossiler WKK-Anlagen zumindest vorübergehend in Kauf zu nehmen.

- Der *begrenzte Einsatz von fossiler Energie* zur Stromproduktion ist mittelfristig vertretbar, wenn gleichzeitig der bisherige fossile Energieverbrauch in den Sektoren Gebäude und Verkehr massiv reduziert und durch erneuerbare Energie ersetzt wird. Längerfristig gilt es, nicht erneuerbares Erdgas in WKK-Anlagen vermehrt durch erneuerbares Gas aus Bioabfällen zu ersetzen.

Exkurs: Überfluss im Sommerhalbjahr, Mangel im Winterhalbjahr

Stromproduktion und Stromverbrauch brutto (inklusive Speicherbetrieb) in den Sommerhalbjahren 2010 und 2050 (linke Säulen) sowie in den Winterhalbjahren 2010/2011 und 2049/50 (rechte Säulen), sofern nach 2010 keine neuen Kraftwerke gebaut werden. Verbrauch 2050 gemäss BFE-Szenario «Neue Energiepolitik». Alles in Milliarden Kilowattstunden.

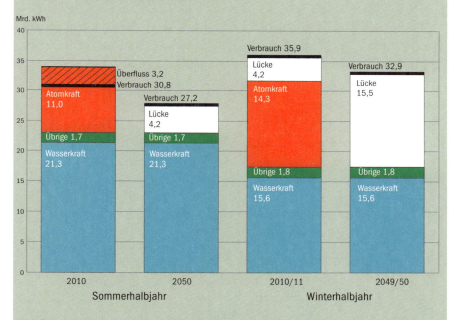

Übrige = fossil und erneuerbar ausser Wasserkraft

Quellen: BFE-Elektrizitätsstatistk, BFE-Szenario «Neue Energiepolitik», eigene Berechnung.

Die Grafiken zeigen: Im Sommerhalbjahr 2010 war die Stromproduktion im Inland noch grösser als der Bruttoverbrauch (inklusive Verbrauch der Speicherpumpen). Im Winterhalbjahr 2010/2011 bestand bereits eine Lücke, die mit einem Importüberschuss gestopft werden musste.

Fürs Jahr 2050 treffen wir folgende Annahmen: Die alten Atomkraftwerke werden ab 2034 alle stillgelegt sein, und es werden keine neuen gebaut. Die bestehenden Wasserkraftwerke und die übrigen erneuerbaren und fossilen Kraftwerke produzieren 2050 gleich viel Strom wie heute; es gibt also bei

Bedarf eine Erneuerung oder einen Ersatz von ausgedienten Anlagen, aber kein Zubau.

Beim Szenario «Neue Energiepolitik» entsteht damit im Sommerhalbjahr 2050 trotz Atomausstieg eine relativ kleine Versorgungslücke. Im Winterhalbjahr hingegen ist die Versorgungslücke annähernd gleich hoch wie die nach dem Atomausstieg noch verbleibende Stromproduktion im Inland.

Die Lücke von 4,2 Milliarden kWh im Sommerhalbjahr lässt sich mit erneuerbarer Energie locker stopfen. Dazu genügt ein gemässigter Zubau von inländischen Wind- und Biomasse-Kraftwerken sowie von Fotovoltaik-Anlagen mit einer Leistung von vier bis fünf Millionen Kilowatt (siehe dazu Exkurs auf Seite 114: «Solarstrom optimieren statt maximieren»).

Weit schwieriger ist es, die Lücke von 15,5 Milliarden kWh im Winterhalbjahr 2049/50 mit «hundert Prozent erneuerbarer und einheimischer Energie» zu decken, wie das etwa die Schweizer «Umweltallianz» verlangt. Denn ein massiver Zubau von Windkraftwerken steht in Konflikt mit dem Landschaftsschutz. Das Potenzial von Wasserkraft ist schon weitgehend ausgeschöpft, das Potenzial von Biomasse begrenzt. Das Potenzial für Solarstrom ist zwar gross. Doch Fotovoltaik-Anlagen produzieren weniger als einen Drittel ihres Stroms im dunklen Winterhalbjahr.

Wollte man die Stromlücke auch im Winter primär mit Solarstrom decken, dann brauchte es einen maximalen Zubau an Solarstrom. Doch mit dieser solaren Anbauschlacht würde die Schweiz an sonnigen Sommertagen riesige Überschüsse an Solarstrom produzieren.

Um das starke Gefälle zwischen Winter und Sommer auszugleichen, schlage ich im 6. Kapitel zwei andere Massnahmen vor: Erstens den Rückzug der Elektrizität aus dem Wärmemarkt, denn damit liesse sich der Stromverbrauch im Winter senken. Zweitens eine gemässigte Förderung von fossilen WKK-Anlagen, denn damit liesse sich die Stromproduktion gezielt im Winterhalbjahr fördern. Beide Massnahmen verkleinern die Stromlücke im Winterhalbjahr 2049/50.

Diese Lösung widerspricht zwar dem Wunsch nach einer hundert Prozent einheimischen und erneuerbaren Stromversorgung. Doch die grüne «Sünde», im Winter einen Teil des Stroms und der Raumwärme mit fossiler WKK zu erzeugen, lässt sich kompensieren, wenn der übrige fossile Energiekonsum in Gebäuden, Industrie und Verkehr stärker reduziert und / oder durch erneuerbare Energie ersetzt wird. Besser wird damit auch das Gesamt-Resultat: Unter dem Strich ist eine achtzig Prozent erneuerbare Gesamtenergie-Versorgung besser als eine hundert Prozent erneuerbare Stromversorgung allein; das gilt mindestens so lange, als der übrige Schweizer Energiebedarf zu mehr als der Hälfte mit Erdöl und Erdgas gedeckt wird.

7. Über die Energie hinaus

Nehmen wir an: Forschung und Technik machen in den nächsten Jahren Quantensprünge. Neue Materialien zur Wärmedämmung senken den Verbrauch von Heizenergie in Neu- und Altbauten weiter, ohne dass wir an kalten Wintertagen im Wohnzimmer einen Pullover anziehen müssen. Sonnenkollektoren und Fotovoltaik-Anlagen auf allen Hausdächern, verbunden mit kluger Haustechnik, verwandeln Niedrigenergie- zu Null- oder sogar Plusenergie-Häusern. Darum fehlt es in den Gebäuden nicht an Heizenergie, selbst wenn wir unseren Wohnraum pro Kopf bis 2050 nochmals verdoppeln.

Nehmen wir weiter an: Solarstrom wird dank Lenkungsabgabe ab 2025 billiger als Strom aus Kohlekraftwerken. Der Wirkungsgrad von Solarzellen steigt und verringert den Flächenbedarf von Fotovoltaik-Anlagen. Die dezentrale Elektrizitäts-Speicherung erzielt den längst prophezeiten Durchbruch zu tragbaren Kosten. Damit vermindern sich der fossile Energieverbrauch und der CO_2-Ausstoss in der Stromproduktion auf ein klimaverträgliches Mass. Im Verkehr sinken die CO_2-Emissionen ebenfalls, weil die Entwicklung von leistungsfähigeren Batterien den Umstieg von Benzin- auf Elektromotoren fördert. Diese beschleunigen unsere schweren automobilen Verpackungen ebenso flott, aber effizienter. Der Stromverbrauch von Industriemotoren lässt sich dank intelligenter Steuerung senken. Neue Rohstoff-Funde sorgen dafür, dass seltene Materialien für die Herstellung von kurzlebigen Smart-Phones,und andern elektronischen Geräten nie knapp werden.

Nehmen wir also an, dass die Energiewende dank Forschung und Technik gelingt. Können wir dann unbegrenzt weiterprassen? Sollen wir die Suffizienz ins Fremdwörterbuch entsorgen? Wird die Kunst des Vermeidens zum Auslaufmodell? Brauchen wir nicht Mass zu halten?

Tatsächlich ist das Potenzial an Sonnenenergie unermesslich gross. Gelingt es der Menschheit, diese Energie mit innovativer Technik und vertretbaren Kosten zu ernten, zu verdichten, zu speichern und überall zu nutzen, dann tritt das Energieproblem in den Hintergrund. Trotzdem bleiben andere Grenzen bestehen: Der fruchtbare Boden zum Beispiel, den wir mit immer mehr Gebäude- und Verkehrsflächen versiegeln, wächst nicht nach. Tier- und Pflanzenarten, die durch die intensive Landwirtschaft verdrängt werden und aussterben, können nicht auferstehen. Raum und Zeit lassen sich nicht vermehren.

Gewiss, auch der Boden lässt sich produktiver nutzen, wenn wir in die Höhe statt in die Breite bauen, uns vermehrt in Tunnels oder auf Hochstrassen fortbewegen. In unseren 24-Stunden-Tag können wir ebenfalls mehr Tätigkeiten, mehr Konsum hineinpacken, und wir tun es bereits. Multitasking macht's möglich: Eine Person reist heute im Schnellzug von A nach B, hört Musik aus dem iPod, liest Mails im Smart Phone und verspeist gleichzeitig ein Sandwich.

Selbst dieses Multitasking lässt sich aber nicht beliebig steigern. Wenn das Mehr zu viel wird, brennt der Mensch aus. Auch dafür existiert bereits ein Fremdwort: «Burn-out». Und es gibt Mittel dagegen: zurückschrauben, verlangsamen, weniger tun, mehr lassen. Das Wachstum von Produktion und Konsum stösst überall an Grenzen. Technischer Fortschritt kann diese Grenzen ausdehnen. Doch am Schluss bleibt immer eine Begrenzung: das menschliche Mass.

Bücher und Studien zum Thema

(geordnet nach Erscheinungsdatum)

Meadows Dennis und Donella, 1972: Die Grenzen des Wachstums, DVA.

Schumacher E.F., 1977: Die Rückkehr zum menschlichen Mass, Rowohlt.

Binswanger Hans-Christoph u.a., 1978: Der NAWU-Report, S. Fischer.

GEK-Kommission, Schlussbericht, 1977: Das Schweizerische Energie-Konzept, Bände I und II, EDMZ.

Expertengruppe Energieszenarien, 1988: Möglichkeiten, Voraussetzungen und Konsequenzen eines Ausstiegs der Schweiz aus der Kernenergie, EDMZ.

Meier Ruedi, Walter Felix, 1991: Umweltabgaben für die Schweiz, Rüegger Verlag.

Mauch Samuel, Iten Rolf, u.a., 1992: Ökologische Steuerreform, Rüegger Verlag.

Meadows Dennis, u.a., 1992: Die neuen Grenzen des Wachstums, DVA.

Prognos / Masuhr Klaus u.a., 1992: Die externen Kosten der Energieversorgung, Schäffer-Poeschel.

Peter Gross, 1994: Die Multioptionsgesellschaft, Edition Suhrkamp.

Von Weizsäcker Ernst U., u. a, 1995: Faktor vier – Doppelter Wohlstand, halbierter Naturverbrauch, Droemer Knaur.

Bund / Misereor (Hrsg.), 1996: Zukunftsfähiges Deutschland, Birkhäuser Verlag.

Martin Hans-Peter, Schumann Harald, 1996: Die Globalisierungsfalle, Rowohlt.

Gasche, Urs P., Guggenbühl Hanspeter, Vontobel Werner, 1997: Das Geschwätz von der freien Marktwirtschaft, Ueberreuter.

Boos Susan, 1999: Strahlende Schweiz, Handbuch zur Atomwirtschaft, Rotpunktverlag.

Borner Silvio, Bodmer Frank, 2004: Wohlstand ohne Wachstum, Orell Füssli.

Wuppertal-Institut, 2005: Fair Future, C.H. Beck.

Binswanger Hans Christoph, 2006: Die Wachstumsspirale, Metropolis-Verlag.

Radermacher, Franz Josef, 2007: Welt mit Zukunft, Murmann.

Widerspruch Nr. 54, 2008: Energie und Klima, Verlag Widerspruch.

Hänggi Marcel, 2008: Wir Schwätzer im Treibhaus, Rotpunktverlag.

Gasche Urs P., Guggenbühl Hanspeter, 2010: Schluss mit dem Wachstumswahn, Rüegger Verlag.

Hänggi Marcel, 2011: Ausgepowert – das Ende des Ölzeitalters als Chance, Rotpunkt.

Nordmann Roger, 2011: Atom- und Erdölfrei in die Zukunft, Orell Füssli.

Rechsteiner Rudolf, 2012: 100 Prozent erneuerbar, Orell Füssli.

Boos Susan, 2012: Fukushima lässt grüßen, Rotpunktverlag.

Nützliche Internet-Adressen

Alle Grundlagen und Vorlagen und Vernehmlassungen zur Energiestrategie 2050:
www.bfe.admin.ch, Dossier: Energiestrategie 2050
Energie- und Elektrizitäts-Statistik Schweiz: www.bfe.admin.ch, Themen: Energiestatistiken

Weitere Statistiken Schweiz:
Bundesamt für Statistik: www.bfs.admin.ch
Energie-Statistik global: www.bp.com, Download: BP-Statistical Review of World Energy
Energieprognosen und -Statistiken global: www.iea.org: World Energy Outlook
Naturbelastung global: www.footprintnetwork.org

Organisationen in der Schweiz, die sich mit Energie beschäftigen:
Energieforum Schweiz – die Stimme der Energiewirtschaft: www.energieforum-schweiz.ch
Schweizerische Energiestiftung: www.energiestiftung.ch
Schweizerische Agentur für Energieeffizienz: www.energieeffizienz.ch; www.topten.ch
Weitere Wirtschaftsverbände: www.economiesuisse.ch; www.oebu.ch; www.swisscleantech.ch.
Umweltorganisationen: www.umweltallianz.ch; www.greenpeace.ch; www.wwf.ch; www.pronatura.ch; www.verkehrsclub.ch;

Branchenverbände Energiewirtschaft:
Elektrizität: www.strom.ch; Strompreise: www.strompreis.elcom.admin.ch;
Erdöl: www.swissoil.ch
Erdgas: www.erdgas.ch
Erneuerbare: www.aee.ch
Holz: www.holzenergie.ch
Wind: www.suisse-eole.ch/de
Sonne: www.swissolar.ch
Fernwärme: www.fernwaerme-schweiz.ch